呵护未成年人心灵田陌

中小学生心理危机的预防及干预问答手册

杨泰山 著

上海文化出版社

引　言　　　自十五世纪航海地理大发现之后，地球"变小"的过程就开始了，整个世界被日益紧密地联系在一起，任何地区的人们，不管他们自己是否察觉，都摆脱不了外面世界带来的影响。在五百多年的时间里，工业化的大机器生产出丰富多样的物质，但也让许多人内心的声音开始一点点地变弱；在过去的几百年间，随着人口的增多、人类向大自然索取的加剧、资源控制意识与行为的强化，导致了战争、矿难、交通事故、洪旱灾害、传染病频发，受伤害者们除身体痛苦之外，心灵也备受折磨。在心理危机的高危群体中，受影响最严重的是少年儿童，再加上成人社会的种种负性问题也不断向中小学生的生活领域辐射与扩散，对心智尚不成熟的中小学生更是造成了显性或隐性的影响。

中小学生的生活与学习并不像童话中描述的那般美好。他们同样受到各种危机和压力的困扰：身心发展不平衡的矛盾、学校教育的成功或失败、家庭关系的缺失或紧张、社会环境的不良或动荡、自我追寻中的挫折或困惑，都会对他们产生巨大的影响。家庭环境、社会环境、学习生活空间、自身生理和心理上的变化，都可能给中小学生带来前所未有的紧张与无助。他们的许多期盼，由于受制于认知发展、社会经验、情绪调控、身心发展不平衡等因素而不能实现，从而产生挫折感。如果没有得到很好的疏导，如果这些平衡性没有得到较好的处理，就容易产生种种心理危机。当然，有些压力本身也许并不具有伤害性，但是当压力伴随的焦虑超出中小学生的承受能力时，就可能使他们陷入心理危机。加上他们身心发展的不成熟性，导致他们比成人更容易产生心理创伤，而且心理创伤对他们心理的影响更加深远。相关调研结果表明，在多种因素的交互作用下，近年来中小学生的心理问题呈增长态势，焦虑、抑郁、网瘾、无手机恐惧症的患病人数有所增加，自杀等现象的发生几率也不容乐观。中小学生心理问题的频发已引起全社会的广泛关注。因此，学习和储备与中小学生心理危机预防和干预相关的心理学知识就显得十分重要，就成了中小学校心理健康教育的专职教师、广大班主任和一线教师所必需和应该持续进行的。

此外，虽然在城市和中国的绝大部分地区，成年人都对子女关爱有加、呵护备至，"苦了自己，也不能苦了孩子""累着，并快乐地为孩子尽心竭力"是普遍现象。学校教师对学生的教育更是呕心沥血、尽心尽责、细致入微。然而，尽管家长对孩子这么关爱，尽管政府和学校对中小学生的教育这么重视，尽管我们都说"少年儿童是我们的未来"，尽管我们都在努力为中小学生创造更丰富的外在世界与更好的教育条件，可我们也常常忽视中小学生"内在生命"这个最大的资源。我们很少用心倾听他们的困惑、伤心、无奈和痛苦，我们任由一些孩子在满足父母的要求和发展自我之间苦苦挣扎，我们忽略一些孩子在"问题行为"之外，其内心对爱的渴求，对被尊重、被接纳的需求，任由他们的内在感受日渐干涸而不加以重视。事实上，明白"我是谁"，探索"我要去哪里""我倒底想干什么""我能干什么"，以及如何平稳度过"过山车"般的青春叛逆期等，这些对中小学生而言，与学习知识、学会基本的生活技能相比，同样具有十分重要的意义。

编著这本《中小学生心理危机的预防及干预问答手册》，旨在帮助和指导中小学的广大教育工作者与家长，采用预防和干预手段帮助有需求的中小学生顺利度过心理危机。在撰写过程中，已尽量避开或少用心理学上那些艰涩难懂的专业词汇。

本书宜读人群为：中小学心理健康教育工作者、学校管理人员，具备一定心理学知识的班主任、科任教师、家长，以及社会教育工作人员，和对此感兴趣的相关人员。

杨泰山

2019 年 3 月

目　录

什么是校园危机事件？

　　校园危机事件是指因重大的人、物伤亡损坏，对学校正常工作秩序和对学生心理产生巨大负面影响、且不能运用惯常方法来解决的，需要借助一些特殊手段进行积极处理的突发事件。根据学校管理的实际情况，可以将那些可能影响到学校正常工作的重大突发事件分为以下几类：

　　与学校管理无关，但与学校成员相关的自然灾害事件。主要包括地震、海啸、火山爆发、泥石流、台风、洪水、冰雹等不可抗拒的自然灾害。突发性重大自然灾害常常会在短时间内造成巨大生命和财产损失。

　　与学校管理无关，但与学校成员相关的社会安全事件。主要包括凶杀、爆炸、绑架、恐怖袭击等。这类事件本身就容易引起恐慌和心理危机，如果这类事件发生在学校里、学校附近，或者事件中的主要受害者是学校成员，就很可能在整个校园引起巨大的恐慌和心理危机。

　　与学校管理或与学校成员相关的重大事故。主要包括外出活动重大交通安全事故，校园饮食中毒、火灾事故、建筑物倒塌、触电，危险实验试剂给学生带来伤害，严重踩踏事故等造成的恶性伤害事故。

　　与学校管理或与学校成员相关的人体伤害事

件。主要包括自虐、自残、自杀事件，学生间的打架斗殴、敲诈勒索、欺凌事件，与性相关的伤害事件等。

与学校管理或与学校成员相关的其他伤害事件。主要包括校园运动伤害事件、设备设施失修造成的人体伤害、同学间无意中造成的人体伤害等。

据云南省某市政府新闻办消息：2014 年 9 月 26 日 12 时 43 分许，该市某小学一、二年级 10 个班在校午餐的学生依次进入宿舍楼进行午休。13 时 57 分许，数名先行离开宿舍下楼的学生见到一楼通道处两块靠墙摆放的海绵垫，就上前踢打、撞击，致使其中一块海绵垫倒下。14 时许，学校起床铃声响起，午休的学生开始起床，离开宿舍返回教室上课。因过道摆放的海绵垫倒下了一块，导致通道不畅，先期下楼的学生在通过海绵垫时被绊倒，后续下楼的大量学生不明情况，继续向前拥挤，造成多名学生相互叠加挤压在海绵垫上，最终导致 6 名学生受挤压窒息死亡，26 名学生不同程度受伤。

这起踩踏事件就是一次典型的校园危机事件。

什么是心理危机?

心理危机是指人因遭遇难以处理的事件、遭受某些强烈刺激的作用，而处于身体或心理高度紧张的状态。具体而言，是重大事件或变化的发生超过了个体的应对能力，使个体运用现有的资源、惯常的应对机制和先前处理问题的方式不足以应对眼前的处境，个体正常的生活受到干扰，并感到难以解决、难以把握，内心的紧张不断积蓄，继而出现无所适从甚至思维和行为的紊乱，进入一种失衡状态，出现暂时的心理困扰。这种暂时性的心理失衡状态就是心理危机。

心理危机的出现往往具有突发性，是出人意料之外的。当个体运用寻常方式难以应对的重大事件或变化出现，又得不到有效控制和及时缓解时，就会导致人们在认识、情感和行为上出现功能失调，甚至可能导致社会的混乱。

心理危机就其本质而言，一般都包括三个基本的部分：危机事件的发生；对危机事件的感知导致当事人的主观痛苦；惯常的应对方式失败，导致当事人的心理、情感和行为等方面的功能水平较突发事件发生前降低。

"心理平衡"指人们用升华、幽默、外化、合理化等手段，来调节对某一事物得失的认识，以达到内心世界的和谐状态。"心理平衡"一词是中国人独创的心理学术语。中国人之所以用这一词汇来形容心理调节过程，可以归结到传统思维中阴阳对立、福祸转换的"文化基因"上。千百年来，中国人在看待个人的荣辱得失时，深受老庄道家思想的影响，故很讲究内心的平衡之道。所以，中国人用"心理平衡"一词形容心理的调节绝非偶然。

"心理失衡"也是中国人形容内心活动表现的一种术语，与心理平衡相对。反映的是，一个人的认知、情绪和行为与平常的表现出现落差，出现激动、失落等情绪波动。

心理危机的个体反应过程是怎样的？

心理危机就其过程而言，一般都包括三个基本的阶段：

否认阶段。发生在危机出现的同时或危机后的最初几天，当事者会不相信或否认事件的存在。刺激对个体过于强烈的话，会出现麻木、呆板、不知所措的现象，甚至出现眩晕（类休克）等。这是危机事件造成的人的应激反应。为了重新获得平衡，个体往往试图用其惯常的方式做出反应。此阶段的个体一般不会向他人求助。

完全反应阶段。此时，当事人已经开始出现很多的不适反应，如当事人感到激动、焦虑、痛苦和愤怒、退缩或抑郁等，同时也开始尝试各种解决问题的办法。但高度紧张的情绪会影响当事人的冷静思考，从而影响其采取行动的有效性。当个体经过一段时间的努力，发现惯常的方式未能解决问题时，焦虑程度开始进一步上升。

解决阶段。当事人开始接受事实并为将来作好计划。这时，人们会努力恢复心理上的平衡，控制焦虑和情绪紊乱，恢复受到损害的认识功能，并采用各种措施应对危机。应对的措施可能是积极有效的，如合理的宣泄、情绪控制、沉着冷静地面对现实，或是想方设法寻求和尝试新的解决方法，当事人此阶段求助动机最强，常常会寻找并发出求助信号；也可能是消极无效的，如回避、退缩、依赖烟酒或药物等。前者能使当事人顺利地度过危机，并使当事人掌握新的处理困境的技巧，促进当事人心理的成长。后者则可能造成虽度过了危机，但在当事人心里留下了"隐患"；或当事人不仅未能度过困境，反而引发了新的心理危机。

如果当事人经过前三个阶段未能有效解决问题，就很容易产生习惯性无助，对自己失去信心和希望，甚至把问题泛化，对自己的生命意义发生怀疑和动摇。很多人正是在这个阶段中企图自杀。同时，强大的心理压力有可能触发以前未能完全解决的、被各种方式掩盖的内心深层冲突，有的人由此而走向精神崩溃和人格解体。这时的当事人特别需要通过外援性的帮助，来度过心理危机。

心理危机的特征有哪些？

危机通常包括"突发性和危险性""转化性""差异性"三个特征。

突发性和危险性。危机的发生常常出人意料，而且是不可控的。如自然灾难、意外事故、战争、人为侵害等。突如其来的灾难，无论是自然的还是人为的，都会给人带来巨大的心理压力。对个人而言，危机不仅导致了个人认知、情绪、行为的失调，而且轻则危害个人健康，增加患病的可能，重则会出现攻击性和精神损害，危及个体本身或他人的生命安全。

转化性：危险与成长并存。危机在英文中是"crisis"，而在中文中是用"危"与"机"来共同表示，危机可以将当事人击垮，甚至造成严重的心理障碍，使当事人心理崩溃，行为退缩。但危机也有可能迫使当事人去寻求帮助，使他在危机中趋向自我成长和自我实现。如果能成功地控制危机情境并及时有效地干预，帮助个体度过心理难关、恢复心理平衡，则可促进其心理的成熟和发展。

差异性：对危机的感受是因人而异的，对于一些突发事件（如地震、火灾等），完全无法预测陷入危机的都是哪些人。而且，同样的危机事件，会因个人的生活经历、心理承受能力、人格特征以及应对方法的不同而产生不同的影响。有些危机事件，对某个人而言是危机，是天大的"灾难"而无法应对，但是对其他人而言则未必是危机，也不会造成很大的心理影响。因此，我们认为危机不是事件本身，而是对事件的知觉：只有当个体面临沉重打击或突如其来的变故，既无法逃避，又无法运用个人的心理资源和以往的应对策略进行调节，使个体的认知、情绪和行为出现严重的功能性失调时，就容易产生心理危机。

古时候在边塞地区，有一位老伯伯，人称塞翁。一次，他养的一匹好马突然失踪了，邻居和亲友们听说后，都跑来安慰他。他却并不焦急，笑了笑说："马虽然丢了，怎么知道这就不是一件好事呢？"

几个月过去了。有一天，老头儿丢失的那匹马居然回来了，还意外地带回来一匹好马。

这事轰动了全村，人们纷纷向老人祝贺。可是老头儿并不高兴。他对大家说："这有什么可以祝贺的呀，谁能料到这不是一场灾祸呢！"

几天之后，老人的独生子骑着那匹好马玩，这匹马不熟悉它的新主人，乱跑乱窜，将小伙子摔了下来，把腿摔瘸了。人们听说了，又来安慰老人。可是老人仍然不焦急，他说："说不定还是件好事呢！"

后来，边境上发生了战争，很多青年人被征调入伍，上了前线，伤亡十之八九，只有老头儿的儿子因为身体残疾，留在家里，才侥幸活了下来。

"塞翁失马"的成语就是从这个故事来的。这个成语现在往往用来比喻坏事可以转化为好事，或者用来形容虽然暂时受了损失，也可能因此得到好处。与《老子》中的朴素辩证法名句"祸兮福之所倚，福兮祸之所伏"是一个意思。

中小学生心理危机产生的主要原因？

心理危机是指当人们面临突然的或重大的危机事件时所出现的心理失衡状态。每个人在一生发展中的不同时期都会遇到不同的心理危机。中小学生心理危机产生的主要原因有：

人际关系：主要是与父母、老师、同伴好友发生矛盾或纠纷；学习压力：主要是作业负担过重，考试压力和升学压力过大，成绩退步或距离期望值甚远；丧失亲友：如父母、祖父母等亲人及好友重病或去世；家庭矛盾：父母争吵、离异，父母有外遇等；暴力伤害：遭到抢劫、绑架、勒索、恐吓，遭受或目击暴力；财物失窃：手机、电脑、钱款等丢失或遭窃；情感挫折：失恋、单相思；网络成瘾：沉迷网络游戏、聊天等；意外事故：建筑物倒塌、突发危及生命的疾病、身体伤残、被动物攻击致伤残、手术对身体造成的损伤等；性侵犯：性骚扰、强暴等。

此外，一个人如果找不到生活目标，或因某种挫折失去了生活目标，或因环境巨变感到生活迷惘，就会有"存在空虚"的心理失衡，出现存在性（意义）危机。

存在主义哲学认为，对生活意义或生命意义的探索和追求是人类的基本心理需要。但是"人类注定永远在两极之间游移：不是灾难疾病，就是无聊厌烦"（叔本华）。

校园危机事件与学生心理危机有什么关系？

与学校成员相关的自然灾害事件，与学校管理或与学校成员相关的重大恶性伤害事故、社会安全事件、校园人体伤害事件以及一些其他伤害事件，对中小学生而言，不论是当事人，还是在一旁目睹事情发生过程的学生或听其他同学转述的学生，都会带来一定的心理伤害。

中小学生在面临上述校园危机事件时，会出现"应激反应"，这是一种保护性反应。但是当学生在遇到重大的、异乎寻常的危机事件，个体的应激反应不足以应对时，则可能出现心理崩溃、行为退缩等现象，发生心理失衡的危机。这就是通常讲的心理危机。心理危机意味着心理平衡稳定的机制被破坏，任其发展，可能会导致急性、亚急性或慢性的精神障碍。

因此，在校园危机事件发生后，学校应该及时安排专业人员进行心理干预。

有一次，拿破仑正骑着马穿越一片树林，忽然听到一阵呼救声。他扬鞭策马，来到湖边，看见一个士兵在湖里拼命挣扎，并向深水方向漂去。岸边的几个士兵乱成一团，不知该如何是好。

拿破仑问旁边的那几个士兵："他会游泳吗？""只能扑腾几下！"拿破仑立刻从侍卫手中拿过一支枪，朝落水的士兵大喊："赶紧给我游回来，不然我毙了你！"说完，朝那人的前方开了两枪。

落水人听出是拿破仑的声音，又听见拿破仑要枪毙他，一下子使出浑身的力气，扑腾扑腾地游了回来。

不会游泳的士兵突然发生戏剧性转变，是因为拿破仑"不游回来就毙了你"的强刺激，使他产生"应激反应"，使出浑身力量，自救成功。

无论是动物或人类，在遇到突如其来的危险情境时，身体会自动发出一种类似"总动员"的反应现象。这种本能的生理反应，可使个体立即进入应激状态，以维护其生命的安全，被称为应激反应。

应激的生理机制是：大脑皮层接受刺激后，促使肾上腺皮质激素分泌。如果应激过强，身体就处于充分动员的状态，而这种状态时间长了，会使生物化学保护机制受到破坏，使抵抗力降低，容易受到疾病的侵袭。

从心理上讲，当紧张体验不能解除、个体不足以应对时，就达到了"过度应激"，它会影响正常心理活动的进行，使之产生焦虑的反应，自控力会减弱，心理活动能力降低，对客观事物的感知变得不充分，判断不准确，逻辑推理能力下降等。

学校心理危机预防体系一般可以分为几个层次？

学校应建立科学的心理危机预防体系，实施系统化的管理，以有效防止危机的产生。一般而言，学校心理危机预防体系可以分为整体预防、针对性预防、重点预防三个层次。

整体预防：以全体学生为对象，对生理心理发育和发展处于重要时期的、社会阅历及思维方式处于扩展变化中的、在"学习""生活""人际交往""升学就业"和"自我意识"等方面遇到各种各样的心理困惑或问题的中小学生，进行发展性心理辅导。促进所有学生的心理健康发展，培养学生应对未来生活的能力，预防可能发生的危机。

针对性预防：以容易产生危机的学生为对象，采取早期介入以预防学生危机的发生。一般可通过团体训练或小组辅导的方式，使其正确认识自己，正确认识现实学习生活中的成功和失败，并帮助这些学生掌握有效应对困扰或可能出现的危机的一些技巧和策略，提高其应对危机的能力和水平，进而达到预防可能出现的心理危机的效果。

重点预防：以曾经遭遇过危机或遭受重大打击、重大变故的学生，以及相关心理测试量表筛选（或经心理咨询师评估）出的高危学生为服务对象，以主动的个别辅导为主，并长期追踪，避免这些学生出现更为严重的危机行为并防止问题的恶化。必要时对这类学生进行转介。

在古老的原始森林中，阳光明媚，鸟儿们欢快地歌唱、啄食、劳动、玩耍。其中有一只寒号鸟，它倚仗着一身漂亮的羽毛和嘹亮的歌喉，到处显摆，尽情地玩耍，还嘲笑其他辛勤筑巢劳动的鸟儿。有好心的鸟儿提醒它说："快垒个窝吧！不然冬天来了怎么过呢？"

寒号鸟轻蔑地说："你们真傻，冬天还早呢，谁知道什么时候来，着什么急！趁着现在大好时光，尽情地玩吧！"

就这样日复一日，寒号鸟丝毫不做必须的御寒准备。冬天来了，鸟儿们白天在阳光下飞翔，晚上躲在自己暖和的窝里舒适休息，而寒号鸟夜晚却在寒风里冻得发抖，它用颤抖的歌喉悔恨哀叫："哆啰啰，哆啰啰，寒风冻死我，明天就垒窝。"

第二天，太阳出来了，万物苏醒了。沐浴在阳光中，寒号鸟好不得意，完全忘记了昨天的痛苦，又快乐地歌唱玩耍起来。

鸟儿们劝它，"快垒个窝吧，不然晚上又要冻得发抖了。"

寒号鸟不屑地回答："这么好的天气，你们真是一群不会享受的家伙。"

夜晚来临后，寒号鸟又重复着昨天晚上一样的故事，就这样重复了好几个晚上。这天夜里，大雪突然降临，天天夜里听着悲鸣的鸟儿们奇怪：寒号鸟今夜怎么不发出叫声了呢？

太阳一出来，大家寻找一看，寒号鸟已被冻死了。

进行心理危机干预的模式有哪些?

心理危机干预模式通常有平衡模式、认知模式和心理—社会转换模式等几种。

平衡模式认为,危机发生后,危机状态下的中小学生通常都处于一种心理情绪失衡状态,他们原有的应对机制和解决问题的方法不能满足他们当前的需要,因此心理老师的精力应该放在稳定当事人的心理和情绪上,使他们重新获得危机前的平衡状态。这种模式在处理危机的早期干预时特别适合。

认知模式认为,危机是由于事件和围绕事件境遇的错误思维导致的,而非事件或境遇本身,如:处于危机中的中小学生关于危机情境给自己暗示的信息倾向于消极和歪曲,往往与危机情境的实际情况大相径庭。那么通过改变思维方式,特别是改变认知中的非理性和否定部分,获得并彰显理性部分,出现危机的个体就能获得对自己生活中危机的控制。

心理—社会转换模式认为,由于对象是中小学生,因此危机干预一定要考虑到他们仍然在持续发展的事实。干预的目标在于帮助当事人评估内部因素和外部因素各自对危机的影响程度,帮助他们适当调整目前的行为、态度等,帮助他们选择充分利用各种环境资源以及获得社会支持的方法，从而实现对生活的自主控制能力。

进行心理危机干预的意义有哪些?

学校心理专职教师运用心理学、教育学、社会学等理论和技术，动员社会资源，对出现心理危机的中小学生给予及时的心理援助，可以减轻危机事件所带来的直接冲击，使该学生个体尽快摆脱心理困境，并激发他的潜能，提高他的适应能力，促进他自我成长。危机干预不仅可以防止心理危机的进一步发展，而且还可以帮助出现危机的学生学会新的应对技巧，使心理平衡恢复甚至超过危机前的功能水平。

为什么要对危机进行分析评估?

对心理危机进行正确的分析与评估，是进行危机干预的基础。学校专业心理教育工作者要依据中小学生心理危机的特点，运用危机理论与技术去分析危机、评估危机，并根据分析与评估的结果，及时制订出针对发生危机学生具体情况的干预方案，以利于危机干预工作有条不紊地开展。

"凡事预则立,不预则废"出自《礼记·中庸》:

"凡事豫（预）则立，不豫（预）则废。言前定则不跲，事前定则不困，行前定则不疚，道前定则不穷。"意指：不论做什么事，事先有计划、有准备，就能得到成功，不然就会失败。

很多事实都证明，当你做一件事情之前，做准备和计划的时间越多，那么做这项工作所用的总时间就越少，效率就高；反之，如果事先不做好准备和计划，那么不但效率低，而且很有可能是浪费了时间且一事无成。

以前，有个伐木工人在一家木材厂找到了工作，报酬不错，工作条件也好，他很珍惜，于是下决心好好干。第一天，老板给他一把利斧，并给他划定了伐木范围。这一天，工人砍了十八棵树，老板说："干得不错！"工人有点沾沾自喜。第二天，他干得更起劲，但是只砍了十五棵树。第三天，他加倍努力，可是只砍了十棵。工人觉得很惭愧，跑到老板那儿道歉，说自己也不知道怎么回事，好像力气越来越小了。老板问："你上一次磨斧子是什么时候？""磨斧子？"工人诧异地说："我天天忙着砍树，哪里有工夫磨斧子？"……

这就是我们经常说的一句谚语：磨刀不误砍柴工！它所说明的其实也是"凡事预则立，不预则废"的道理，有计划的准备，才能做到事半功倍，出色地完成工作任务。

如何对危机进行分析？

学生心理工作者应该从中小学生的角度明确并理解其所面临的是什么问题，要从"危机的诱因是什么？""危机事件本身是比较单一的还是复杂的？""危机事件带来哪些影响？""处于危机中的学生是否有、以及有怎样的社会支持系统？""当事人关于危机的非理性信念有哪些？"等方面对危机进行分析。

危机分析应该从危机学生的角度来感知和理解危机情境，要重点关注：当事人目前存在的问题有哪些？危机中的事件有哪些，其中最重要的事件是什么？当事人主要的非理性信念有哪些？干预对象是否失去控制？

危机评估的主要内容有哪些？

学生心理危机干预者一般要完成两个水平的评估：

一是需要评定个案心理危机的严重程度如何，个案是否有自杀或伤害他人的倾向，即学生是否存在生命危险，如自杀、他杀、冲动攻击等。这一水平的评估至关重要，如果评估认定当事人有严重的自伤倾向时，应及时通知监护人，并送相关医院精神科诊治；如评估认定当事人明显具有攻击伤害他人的倾向，除及时通知监护人外，还需进行临时特殊控制。

二是通过评估求助者的自我意识，包括其自我概念、自我体验、自我评价，特别是其非理性认知，以及是否有可利用的、能帮助当事人处理危机的资源等，来评定学生是否已丧失了原有的社会角色能力，是否与周围环境隔绝，以及程度如何。

危机评估中应该注意哪些事项？

危机评估与危机干预是紧密相关的，因此危机评估要尽快完成。

评估的目的是明确目前所存在的问题，要强调"此时此地"，既往的经历或童年期创伤可作参考，但不是重点。

注意建立双方良好的关系，以利于工作的开展。

评估需要考虑到生活方式、社会和文化等有关因素。

评估的准确性是干预有效性的重要保证，随着干预的推进，心理危机评估需要持续性地跟进，贯穿危机干预的始终。

为什么要建构一个危机干预的临时系统？

在中小学生心理危机干预伊始，就要立即建构一个本次危机干预的临时系统，目的在于迅速调动各方面力量进行危机干预。

建构这样一个危机干预系统的优点在于：处于危机中的学生，有可能难以控制自己的情绪、思维和行为，需要得到他人的同情、理解，并得到处理问题的方法指导；危机中的学生往往会出现暂时的意识范围缩小现象，暂时忘记可利用的资源（如家人、亲友、同学、社会等方面能提供的支持）；危机干预者有可能过高估计自己的力量，忽视别人可以提供的援助的力量。

危机干预的临时系统，通常由一个多功能的社会支持组和一个核心管理组组成。

去过佛教庙宇的人会发现，很多寺庙，一进庙门，首先是映入眼帘的是慈颜善目、笑口常开的大肚弥勒佛，他笑脸迎客，而在他的背面，通常是黑脸护法韦陀。

相传很久以前，他们并不在同一个庙里，而是分别掌管不同的庙宇。

弥勒佛热情快乐，"大肚能容，容天下难容之事；开口便笑，笑世间可笑之人"，宽容、智慧、幽默和快乐的精神吸引了许多人前来。但他什么都不在乎，经常丢三落四，香火虽旺，依然入不敷出。而韦陀虽然管账是一把好手，但成天阴沉着个脸，太过严肃，于是来客越来越少，最后香火凄凄。

佛祖在巡察时候发现了这个问题，就将他们俩放在同一个庙里，由弥勒佛负责公关，笑迎八方客，于是香火大旺。韦陀铁面无私，锱珠必较，就让他负责财务，严格把关。此后，在两人的分工合作中，庙里一派欣欣向荣景象。

危机干预临时系统中的社会支持组应包括哪些人员？

社会支持组的成员是由一些可以随时提供心理、物质、信息帮助或支持的人构成的。小组的成员人数一般以 15 至 20 人之间为好。应由与危机个体有关系的人，如父母、亲戚、教师、同学、朋友、熟人等组成。成员与个体的关系可以是直接的，也可以是间接的，成员也可以是一个团体，如班级小组等。

社会支持组的主要功能是，提供实际帮助，如提供安全的环境，陪护、照料，提供物质帮助；提供情感支持，如给予关心、同情，心理援助，帮助缓解消极情绪；提供友谊，如陪伴、同情（分享观点）、共同应对危机；提供建议和信息，如有利于当事学生走出危机的各种合理建议，提供有关事件发展、变化、援助的信息等。

个体不同，也就造成了各自的优势和长处。一个人不能单凭自己的力量完成所有的任务，战胜所有的困难，解决所有的问题。有些事，对一些人来说也许是费尽力气也难以做好的事情，但对另一些人而言却可能不费吹灰之力就能轻松办好。古人早就说过，"孤掌难鸣""独木不成林"。孤掌难鸣出自《韩非子·功名》"人主之患在莫之应"，独木不成林出自汉代崔骃的《达旨》"高树摩阴，独木不林"。意思都是人少、力量不够，则难以成事。

这个世界上没有万能的人，甲不完美，乙不完美，但如果将他们完美地组合在一起，就能取得意想不到的功效。

危机干预临时系统中的核心管理组的职责是什么？

核心管理组（也称危机干预小组），主要由心理教师、管理人员、监护人三方面人员组成。具体职责是：

心理教师：可以是一个小型的团队，也可以是一个人。由有处理危机问题经验的心理教师、咨询师、外聘心理专家组成。他们运用危机干预的理论、技术，利用社会支持组的资源，结合自身丰富的经验，来帮助个体战胜危机。

管理人员：负责管理与协调整个危机事件的处理。快捷、及时地调度含社会支持组在内的各方面资源，适时提供心理、物质、信息帮助。负责接待媒体采访、妥善处理信息报道相关问题，以免个体因不恰当的报道而受到第二次伤害。

监护人：一般是父亲或母亲，当然也可以是家庭中有权威的、能代表家庭意见的主要亲属。代表家庭全面参与危机处理、部分资源的调度管理，以及给孩子提供生活、救治保障。

中小学生心理危机的主要诱因有哪些?

中小学生心理危机的诱因有许多。其中,最普遍最主要的原因有以下三方面:

A. 重大生活事件影响。如父母或祖父母等至亲的去世,父母离异或争吵,恋爱受挫,难以适应生活环境和条件发生的巨大变化,等等。

B. 人际交往出现障碍。如与父母、老师、同学好友发生矛盾纠纷,遭到误解,受到歧视冷落等。

C. 学习压力的影响。处于紧张学习阶段的青少年,学习压力也是导致危机产生的重要原因,如作业繁多且不能胜任、成绩退步下滑、考试失利、升学受阻等。

小家伙一出生就很丑,在鸭群中它处处受歧视、遭排斥、被嘲笑,大家都不喜欢它,连它的兄弟姐妹也讨厌它,不愿意与它进行正常的交往,喂鸭的女佣人也用脚踢它。它有次独自流浪到一块沼泽地去讨好那些野鸭们,但野鸭也不喜欢它,丑小鸭的社会交往出现严重障碍。在黑夜里,它顶着狂风,跑到一个农舍,但因为它不能生蛋,又受到母鸡和雄猫的歧视;后来,丑小鸭受尽严冬的折磨,差点被冻死,还差点被猎人打死。

但丑小鸭始终不屈不挠,以乐观的态度对待艰难困苦,最后它成功了,成为一只美丽的白天鹅。这个故事告诉我们,命运没有轨迹,只要坚信自己就一定可以成功。

中小学生心理危机有哪些类别？

中小学生的心理危机一般分为三种类型：成长性危机（也称内源性危机或发展性危机）、情境性危机（也称外源性危机或适应性危机）和存在性危机。

也有将其分为八种类型的：价值冲突型、情感（恋爱）冲突型、畸恋（恋父或恋母）型、物欲（偷盗、抢劫）型、学业压力型、辍学型、负性情绪（冷漠、被欺侮）型、学校家庭管教不当型。

成长性危机指的是什么？

成长性危机指的是中小学生正常的生理与心理在发展时所引发的危机反应，如性别认同危机、青春期危机等。中小学生在成长过程中，要经历许多阶段，要处理一系列人生议题，才能逐渐走向成熟。在这一过程中，个人如果缺乏相关知识和技能，缺少社会支持系统，就有可能不能顺利地度过这些人生转折，出现发展性危机。根据埃里克森人格发展八阶段理论，人生每一个成长阶段都有可能出现该阶段特有的危机状态。当一个人从某一发展阶段转入下一发展阶段时，他原有的行为和能力不足以完成新发展任务，而新的行为和能力又尚未发展起来，这时个体常常会处于行为和情绪的混乱无序状态，容易产生成长性危机。

发展性危机是可预期的。如果个体有足够的能量和时间对发展性危机做出适应性的调整，那么他会顺利地度过危机，并获得成长。

埃里克森是美国神经病学家、发展心理学家和精神分析学家。他提出了著名的人格社会心理发展理论。

埃里克森认为，人的发展是按阶段依次进行的，如果把人的生命作为一个周期，那么可划分为八个阶段，就像我们的身体器官是按照一个预定的遗传时间表发展的一样，我们同样也遗传了一个心理时间表来发展我们的人格。在出生的时候，所有八个阶段都是未充分展开的，之后每一个阶段会呈现出一个新的整体，就像是从前一个阶段脱胎进化而来。八个阶段是以不变的顺序依次出现的，而且具有跨文化的一致性，因为它们是由遗传因素决定的。

埃里克森认为，在心理发展的每一个阶段都有一个特殊矛盾，矛盾的顺利解决是人格健康发展的前提。

中小学生对应的是人发展的第四、第五阶段，面临的矛盾主要是勤奋对自卑的冲突，自我同一性和角色混乱的冲突。

情境性危机指的是什么？

情境性危机指的是存在于生活环境中的情境引发的危机，是一种个体无法预知或无法控制的不寻常事件或意外事件所造成的心理危机，具有突发性、强烈性、灾难性及偶然性特点，能引起当事人强烈的情绪反应。情境性危机一般涉及以下几个方面：基本需求的丧失，即中小学生某方面的基本需求得不到满足，或遭遇丧失状况的威胁性与危险性事件，如亲人的意外离去，患病或是身体完整性的丧失（如残障）等。重大自然灾害，如地震、火灾、水灾等自然灾害。意外事故，指不是出于行为人的故意或者过失，但在客观上给中小学生造成损害结果的事件。如：车祸、溺水、运动伤害、食物中毒、实验室意外伤害等。重大人为事件，指由于人为因素导致的、给中小学生造成心理伤害的恶性事件。如歹徒进入校园劫持人质事件，校园内的暴力、冲突、伤害事件。校园欺凌现象，校园欺凌指的是同学间欺负弱小的行为（包括放学后在校外发生的同学间的欺凌行为）。校园欺凌现象也是中小学生心理危机产生的重要来源。

2016 年，美国洛杉矶波莫纳高等法院开庭审理了一桩令人震惊的中国留学生绑架虐待案。

据本案原告 L 在庭上回忆，当天第一现场是一个茶餐厅门前，涉案嫌犯要求 L 跪在地上达 20 分钟，并对其扇耳光，反复殴打。随后又将 L 带到附近的罗兰岗公园，在那里共有 12 人，大多数是女中学生，对她拳打脚踢，剃掉她的头发逼其吃掉，扒掉她的衣服拍照，甚至用烟头烫伤她的乳头。绑架折磨长达 5 小时之久。

据悉，被告 Z 某某（主要涉案犯之一）13 岁就来到美国读书，经常动手教训不听话的同学。Z 某某在庭上公然表示这不过是在中国校园司空见惯的学生恶作剧或打群架之类的小事。

加州波莫纳最高法庭最终宣判，三名主要涉案人以绑架、殴打罪名分别获刑 6 年、10 年以及 13 年。三人刑期结束后将被驱逐出美国。

存在性危机指的是什么？

存在性危机指伴随着人生重要命题，如人生目的、价值意义等命题的出现而导致的个体内心的冲突和焦虑，关系到个体人生观、世界观和价值观的适切性。这种危机可以是基于现实的，也可以是深层次的、对于人生意义的追问与思考。当个人精神或情绪的困扰严重到难以控制而精神崩溃时，可能会导致自残、自伤和自杀事件的发生。

中小学生产生心理危机后，会有多长时间的反应？

中小学生在出现心理危机后，会产生一系列身心反应（表现）。反应主要会表现在生理方面、情绪方面、认知方面和行为方面，致使当事人在一段时间内不能应对或无法应对正常的生活模式。在一般情况下，危机反应会维持4到8周的时间。

心理危机出现时，生理方面会有怎样的反应？

生理方面会出现诸如心跳加快、血压升高、肠胃不适、消化不良、腹泻、食欲下降、出汗或寒战、肌肉抽搐、头痛、耳朵发闷、疲乏、过敏、

失眠、做噩梦、容易受惊吓、头昏眼花或晕眩、感觉呼吸困难或窒息、
梗塞感、胸痛或不适、肌肉紧张等现象。

心理危机出现时，情绪方面会有怎样的反应？

应激反应中会产生各种负面的情绪，主要表现为恐惧、焦虑、沮丧、抑郁、易怒、绝望、麻木、孤独、紧张、烦躁、自责、过分敏感或警觉，无法放松，持续担忧，担心家人健康，害怕染病，害怕即将死去等不良反应。

其中，焦虑是最常出现的，是人预期将要发生危险或不良后果时所表现的紧张、恐惧和担心等情绪状态。适度的焦虑可提高人的警觉水平，提高人对环境的适应和应对能力，焦虑过度或不适当，则使个体应对环境变化的能力下降，且这种焦虑有泛化的危险，可能影响个体在面临环境变化时的有效应对。恐惧则是极度的焦虑反应，此时个体的意识、认知和行为均会发生改变，同时伴随着强烈的植物神经功能紊乱，行为的有效性几乎丧失。部分人会出现焦虑性障碍。

抑郁是个体面临无法应对的困境和严重后果的情绪反应。抑郁的情绪常常使人产生无助和无望感，进一步影响个体对环境和自身的认知评价，消极的评价可反过来加重抑郁。一些人的抑郁症与应激有明显关系。

愤怒是与挫折和威胁相关的情绪状态，并多伴有攻击性行为。由于目标受到阻碍，自尊心受到打击，为排除阻碍或恢复自尊，常会激起愤怒。

紫砂器皿的起源可以上溯到春秋时代的越国大夫范蠡，数来已有二千四百多年的历史了！不过，紫砂做成壶，那还是明武宗正德年间以后的事情。"摩掌宝爱，不啻掌珠。用之既久，外类紫玉，内如碧云。"宜兴紫砂壶自明代中叶勃兴之后，五百年间不断有精品传世，可谓巧夺天工，技绝寰宇。经不断改进，发展到今天，终成为雅俗共赏、饮茶品茗的最佳器具。

由于明中期至清初的龚春、时大彬、李忠芬、徐友泉、陈鸣远、惠孟臣等著名紫砂壶大师的作品遗世甚少，所以一次某收藏家觅得一个清初紫砂大师雕塑壶的高仿之作，亦欣喜万分，把玩之余，每每置于床头，相伴而眠。

一天，收藏家酒醉而归，到床边倒头便睡，失手将砂壶带翻，壶盖摔到地上，虽意识到了，但酒力发作，仍酣睡过去。半夜惊醒后，急忙用手摸，果然，只有倒着的壶身。收藏家懊丧之余，恼怒地咕哝了一句："壶盖没了，留壶身何用？"于是抓起壶扔到窗外，倒头又睡。

天明，发现壶盖掉在鞋上，无损。恨之，一脚把壶盖踩得粉碎。

出门，见昨晚扔出窗外的茶壶，完好地挂在树枝上……

收藏家顿悟：有时，事情可以等一等，看一看，缓一缓！很多事情并不是你以为的那样，冲动是魔鬼，学会冷静，也是一种智慧！

心理危机出现时，认知方面会有怎样的反应？

出现心理危机的个体，对环境的变化和自身资源的认知评价会趋于负性。

会出现注意力不集中、缺乏自信、无法作决定、健忘、效能降低、不能把思想从危机事件上移开等现象；会对自我、他人和前景表现出负性思维，如"我太脆弱太不坚强""其他人不可信""这个世界很危险"等想法，在事后很长一段时间里对各种活动明显地降低兴趣或减少参与，会产生孤独感。危机事件发生后，个体心事重重、敏感多疑，情绪低落或焦虑紧张，感到自身和外界隔绝或受到外界排斥，担心受到冷落和鄙视，甚至出现仇恨心理，敌视身边的人和事，形成自卑、自闭、易怒的个性。

这种心理认知假若无法得到恰当的疏导或解脱而发展成习惯，容易变得性情孤僻古怪，严重者可能导致孤独症。

孤独感是一种封闭心理的反映，是感到自身和外界隔绝或受到外界排斥所产生的孤伶苦闷的情感。一般而言，短暂或偶然的孤独不会造成心理行为紊乱，但长期或严重的孤独感可引发某些情绪障碍，降低人的心理健康水平。

法国名著《小王子》中有一个著名的寓言故事：小王子所在的星球上以前只有一些无名的小

花，一天却忽然绽放了一朵娇艳的玫瑰花。小王子从来没有见过这么美丽的花，他爱上这朵玫瑰，细心地呵护她。那一段日子里，他以为这是一朵宇宙间唯一的花，只有他的星球上才有，其他地方都不存在。然而，等他来到地球上，发现仅仅一个花园里就有5000朵完全一样的玫瑰。这时，他才知道，他有的只是一朵普通的花。这一发现让小王子非常伤心，但最后，小王子明白了，尽管世界上有无数朵玫瑰花，但他的星球上那朵，仍然是独一无二的，因为他浇灌过那朵玫瑰花，给她罩过花罩，用屏风保护过她，除过她身上的毛虫，还倾听过她的怨艾和自诩，聆听过她的沉默……她是他独一无二的玫瑰。"正因为你为你的玫瑰花费了时间，这才使你的玫瑰变得如此重要。"一只被小王子驯服的狐狸对他说。面对5000朵玫瑰花，小王子说："你们很美，但你们是空虚的，没有人能为你们去死。"

切记：一个既亲密而又相互独立的关系（无论多么亲密，小王子仍是小王子，玫瑰仍是玫瑰，他们仍然是两个个体），胜于一千个一般的关系。这样的关系，会把我们从不可救药的孤独感中拯救出来。

心理危机出现时，行为方面会有怎样的反应？

心理危机出现时，在行为方面的主要反应有：

强迫思维与强迫行为。如：反复怪罪自己、反复洗手、反复消毒等。

社交退缩与逃避疏离。如：不敢出门，害怕见人，逃避与创伤有关的思想、感觉或谈话，逃避会勾起创伤回忆的活动、地点或人物。

发生退化，对事物无主见。如：对自己日常行为和生活管理的自信心不足，被动性增加，事事都要依赖别人。个体的行为会变得幼稚，之前大胆泼辣，此时却变得提心吊胆、小心翼翼、犹豫不决、畏缩不前。尽管应该允许患者适当地倒退及依赖他人，但要防止发展成依赖性人格。

此外，还会出现没有食欲或暴饮暴食，容易怪罪他人，与人易生冲突等反应，严重的会出现自杀倾向。

强迫症属于焦虑障碍的一种类型，是一组以强迫思维和强迫行为为主要临床表现的神经精神疾病，其特点为有意识的强迫和反强迫并存。一些毫无意义，甚至违背自己意愿的想法或冲动，反反复复侵入患者的日常生活。患者虽感受到这些想法或冲动是来源于自身，极力抵抗，但始终无法控制，二者强烈的冲突使其感到巨大的焦虑和痛苦，影响学习、人际交往，甚至生活起居。

下面小故事里说的是，沙粒、吸血蝙蝠与强迫思维一样，都是闯入性的，都让我们感到不舒服，但同样是面对外来的不可抗拒的影响，却因为对应不同而结果大相径庭。这也许可以给强迫症患者一点小启示：

吸血蝙蝠叮在野马脚上吸血，野马觉得很不舒服，但又无法把它赶走，于是就暴跳狂奔，不少野马被活活折磨而死。科学家研究发现，吸血蝙蝠所吸的血量极少，根本不足以致野马死去，野马的死因就是暴怒和狂奔。

沙粒进入蚌体内，蚌觉得不舒服，但又无法把沙粒排出。好在蚌不怨天尤人，而是逐步用体内营养把沙粒包起来，后来这沙粒就变成了美丽的珍珠。

心理危机在性别上的表现有哪些差异？

中小学生心理危机的类型存在显著的性别差异。男生易冲动的天性使他们喜好通过打架、斗殴等方式来解决人际纠纷，男生的粗心容易导致贵重物品的失落或被窃，男生好胜争强的天性使他们在网络游戏世界中能感受到自己的价值。女生较为感性，对父母亲人更为依赖，一旦家庭发生变故，如祖父母去世、父母离异或有外遇、父母一方去世等，在情感上更容易产生巨大的失落。因此，男生发生暴力伤害、财物失窃、网络成瘾、顶撞师长，甚至逃学拒读、离家离校出走这几类危机事件的机率远远高于女生，女生则容易因亲友丧失、家庭纠纷、性侵犯等原因陷入心理危机，其表现主要有食欲不振，抑郁焦虑，头晕头痛，严重的还会出现悲观厌世和自杀倾向等。除这些生理方面的应激反应障碍外，也会出现一些偏激行为，如轻生自杀、肢体自残、离家出走、性意识及性行为错乱等。

心理危机在初高中不同年龄段是否有差异？

初中阶段是学生个体身体发育的鼎盛时期及性成熟时期，生理上的成熟使初中生在心理上产生成人感，他们希望能获得成人的某些权利并渴望变换社会角色。然而，由于他们的心智发展水平有限，许多期望不切实际难以实现，容易产生挫折感。初中生的人际交往能力还十分薄弱，一旦与同学、好友或父母发生纠纷，往往不能用恰当的方法去解决，而是表现出气愤、怨恨等负性情绪，甚至采用斗殴、出走、自杀等极端行为来解决争端。

高中阶段的学生，多因学习压力、亲友丧失、情感挫折和网络成瘾等事件而导致心理危机。进入高中以后，学习压力更为沉重，繁重的学习任务让青少年希望从异性朋友和虚拟世界中寻求慰藉，容易遭受情感挫折和沉迷网络的困扰。

心理危机在不同类型家庭环境下有何差异？

中小学生出现心理危机与父母亲的职业和受教育程度有一定的关联。此外，诸如人际关系、学习压力或网络成瘾之类的中小学生心理危机，其父母往往都是平时为生计或事业而忙碌，除了提供子女经济和生活上的支持和照顾之外，无暇顾及子女的所思所想，与子女缺少沟通。

单亲家庭、教育关心缺失型。父母离异或一方去世，单亲（监护方）如出现无稳定职业，经济困难，可能造成无从保证子女的温饱，淡漠对子女的管教，对子女的喜怒哀乐无暇关心。如单亲（监护方）忙于自己的事业或新的感情，除了给孩子提供生活保障之外，无暇顾及他们的所思所想。这些学生往往会出现学习成绩不佳、不遵守纪律等情况，他们内心十分渴望得到温暖和关爱，但在学校和家庭都感受不到。因此，他们容易受到社会上的不良引诱或是在网络虚拟世界里寻找慰藉，他们往往有逃学、出走、打架斗殴的行为表现，且这些行为具有反复性。

家境贫困、教育关心缺失型。这些家庭的孩子可能在学习上很努力，行为上也循规蹈矩，称得上"品学兼优"，但这些孩子往往存在一种自卑感，为自己是农民工孩子的身份等而自卑，一般都较为内向。平时他们虽与同学相处得还可以，可是一旦碰到伤及他们自尊的事，比如被老师或同学怀疑或冤枉，内心世界就可能失衡，容易走极端。

家境富足、教育关心缺失型。这些家庭的父母往往能保障孩子的经济要求，这些同学往往手头阔绰，不把花钱当回事，在别的同学眼里，他们日子过得很潇洒、风光无限。但因为父母忙于事业，无暇顾及他们，所以他们的内心是孤独的。他们中的一些人喜好结交朋友，整天吵闹打架，实则是为得到一些温暖和安慰，摆脱一些空寂。这些青少年也是心理危机的高发人群。

中小学生心理危机预防与干预的原则有哪些？

预防为主原则：中小学生心理危机的预防与干预，应以预防为主、干预为辅，防患于未然，以免对学生的成长与发展造成不利影响。要广泛开展心理健康教育，要以尽量早的危机预测为基础，以进行自我意识教育为核心，以培养健康的情绪为起点，以提高当事人处理危机的能力为重点。

干预的及时性原则：压力是引发危机心理最本质的因素。当个体经历或目睹重大突发事件后，内心的紧张不断积蓄并超过身心所能承受的极限时，就会陷入无法控制的、惊慌失措的失衡状态，这种状态可能摧毁人的心理信念。普遍认同的最佳心理干预时间是在危机事件发生后 24 至 72 小时内。

　　生命高于一切的原则：危机状态中的个体容易产生过激行为，心理危机干预人员在进行危机干预时必须把被干预者的生命安全放在首位，这是世界各国处理心理危机时所遵循的基本原则。

　　释放为主的原则：弗洛伊德的精神分析理论认为，"压抑是人的心理防御机制最基本的功能，它将生理本能的冲动或外界不良的刺激进行非理性处理并使之进入潜意识的状态"。释放是指个体把可能引起心理危机的情绪或其他负面的心理能量及时排解出去的过程。及时恰当地释放，让被干预者把悲伤、害怕甚至是攻击情绪尽量宣泄出来，可以减轻心理压力。

　　反复评估的原则：评估在整个心理危机干预过程中起着十分重要的作用。对个体经历的突发事件，个体的生理、心理、社会状态，个体采取的应对方式等进行评估，是进行整个危机干预的基础。反复进行评估，是为了了解干预效果并及时调整干预方案。

进行中小学生心理危机预防的意义是什么？

　　　　　　　中小学生心理危机预防，是心理工作者运用各种科学的、切实可行的方法，对心理危机的特点、规律、成因进行研究，找出有效预防的规律，并通过各种途径，提高学生应对心理危机的意识和能力，减少心理危机发生的可能性，促进中小学生的健康成长。

面对中小学生各种可能产生的心理危机，必须坚持预防为主、干预为辅的原则。只有做到了心理健康教育的全覆盖，做到了平时关注隐患细节、防患于未然，做到了对心理危机的提早全面筛查，才能有效地减少和预防心理危机的发生率。有效的预防不仅仅是体现出学校心理工作者对危机及其变化规律的认识和把握能力，更多的是体现出学校对生命的重视，对学生身心健康成长的重视。也能使学校在中小学生心理危机预防及干预的工作中，从盲目被动走向积极主动。

魏文王问名医扁鹊说："你们家兄弟三人，都精于医术，到底哪一位最好呢？"

扁鹊答说："长兄最好，二兄次之，我最差。"

文王再问："那么为什么你最出名呢？"

扁鹊答说："我长兄治病，是治病于病情发作之前。由于一般人不知道他事先能铲除病因，所以他的名气无法传出去，只有我们家的人才知道。我二兄治病，是治病于病情初起之时。一般人以为他只能治轻微的小病，所以他的名气只及于本乡里。而我扁鹊治病，是治病于病情严重之时。一般人都看到我在经脉上穿针管来放血、在皮肤上敷药等大手术，所以以为我的医术高明，名气因此响遍全国。"

文王说："你说得好极了。"

扁鹊之答启示我们，事后控制不如事中控制；事中控制不如防患于未然，于事前控制。

为什么说及早的危机预测是危机预防与干预的基础？

危机预测是运用科学的理论和方法，对过去及现在的危机情况进行调查、统计、分析，对一定范围内的危机现象、类型变化、发展趋势进行推测和判断。

有效预测是进行预防的前提。心理危机在中小学生的成长过程中是不可避免的，预防工作应注意早期性、教育性和保护性。早期性是指危机预防要尽早开展，从小事件着手，对高危学生及早进行干预，将危机消灭在萌芽状态。教育性是指要教给学生心理危机的基本知识，培养学生应对心理危机的能力，以促进中小学生全面发展作为根本目标。保护性是指危机解决过程中应着力保护学生的隐私与身心健康。及早的危机预测可以充分协调各方面力量开展预防工作，以提高危机预防或干预的有效性。

中小学生的发展具有一定的规律。

发展的不平衡性：学生发展的不平衡性主要是指生理成熟与心理成熟的不平衡和发展速度的不平衡。其中，心理成熟以独立思考的能力、比较稳定的自我意识和个性的形成为标志。

发展的顺序性：学生身心发展是按照某种固定的顺序展开的。其中，心理发展则按照从机械记忆到意义记忆，从具体思维到抽象思维的顺序发展。

发展的阶段性：学生发展的不平衡性和顺序性必然导致不同的发展阶段。一个阶段的量变积累到一定程度就会产生质的飞跃，跨入到另一阶段。在不同发展阶段，学生有许多共同的特征。

发展的差异性：学生的发展除了共同的年龄特征外，还存在着个体差异。这些差异是由不同的遗传素质、社会环境、学校教育以及学生主观能动性的影响等因素造成的。

教育工作要根据学生发展的规律，做到由浅入深，由易到难，由具体到抽象，由低级到高级，循序渐进。

为什么说进行自我意识教育是危机预防与干预的核心？

自我意识的本质是对自身行为的一种心理认识活动，主要包括对自己生理状态、心理特征以及自己与他人关系三部分的认识。自我意识不仅代表人的大脑对自身状态的认知与思考，还代表着人如何维护与发展与周围事物的关系，所以自我意识同时反映个体内部、个体与个体、个体与大环境之间的关系。青少年的自我意识将经过"自我中心时期""客观化时期""主观自我时期"三个发展阶段，这三个阶段分别是个体获得生理自我、社会自我、心理自我认识的时期。

自我意识教育要求教育工作者运用有关心理健康教育的理论和技术，帮助学生科学地认识自我、悦纳自我、激励自我、调节自我、管理自我，促进学生良好自我概念的形成和自我意识的发展，形成自尊、自信、自重、自爱、自强、自制的健康人格。

自我意识教育能有效地培养学生良好的自我概念、自我意识，提高自尊、自信水平及自我接受程度，培养学生正确的自我意象，做到全面客观地认识自我和悦纳自我。能发展和提高学生的自我价值感，有利于学生进行自我协调、自我激励和自我管理，推动学生自我意识水平向更高阶段发展。

人类在悦纳自我、战胜自我、超越自我的过程中不断地进步。

一位观众听了丽贝卡的歌之后，认为她很有天赋，对她说："我听了你的演唱，非常好，但你没有放开歌喉唱出属于你的天籁之音。因为你想掩饰什么，其实你不必对你的牙齿感到懊悔。"丽贝卡听了满脸通红。这位观众继续说："牙齿不好又能怎么样？难道那也是罪过？刻意掩饰它们反而会影响你的歌声，张开嘴大声唱出来，观众会更喜欢你。"歌星丽贝卡接纳了这位观众的劝告，以后每次登上舞台，都忘记牙齿的缺陷，忘情地为观众奉上自己美妙的歌声，终于成了歌坛上一颗闪亮的星星。

自我意识教育的内容包括哪些方面？

自我意识教育的内容主要包括"自我认识""自我接受""自我协调""自我激励""自我管理"等五个方面。

自我认识教育，是训练学生对自己的生理状况、心理特征及自己与他人的关系进行正确的认识，培育和发展学生积极健康的自我意识和良好的自我概念的教育活动。认识自我的途径主要有：

同别人比较，分析别人对自己的态度和评价，分析自己的学习成绩和活动成果等。正确的自我评价，对个人的心理生活及其行为表现有较大影响。如果个体对自身的认识与社会上其他人对自己的客观评价距离过于悬殊，就会使个体与周围人们之间的关系失去平衡，产生矛盾。

自我接受教育，是培养学生的自尊心和自豪感，正面评价自己，正确分析、评价自己的优点和缺点，培养自我解嘲能力，引导学生认识自己的潜力与特长，了解自己的独特价值，最终达到愉快地接纳自己的教育活动。悦纳自我是心理健康的表现。

自我协调教育，是引导学生正确处理好积极自我与消极自我、现实自我与理想自我、主观自我与客观自我之间的关系，掌握"内心对话"的方法，善于化解内心的冲突和矛盾，建立自我同一性和防止自我同一性混乱的教育活动。引导学生善于对自己所有资源（脑力、体力甚至情绪等）的分配、调整、使用和控制。

自我激励教育，主要帮助学生树立自信心，克服自卑感，在面对挫折和困难时，善于给自己加油鼓劲。运用认知矫正与肯定训练相结合的方法来有效调控学生的自卑心理。使学生从"被成长"中产生生命自觉，让学生用自己的力量成长。

自我管理教育主要教育学生如何确立现实的、有价值的自我目标及合适的志向水平，引导学生合理掌握时间，妥善安排自己的学习和生活，追求自我价值和理想的实现，同时引导学生自觉控制自我，学会处理自我意识问题上的困扰，努力改善自我。

佩里森在浑浑噩噩地过了许多年以后，终于开始为自己长得丑陋、举止粗鲁野蛮而感到难过。

于是他戴上了一张很英俊的面具，努力按照主流社会所接纳的语言和礼仪举止来参加社交活动。由于他现在看上去很英俊，谈吐温和儒雅，大家也逐渐把他当作谦谦君子来对待，对他越来越尊敬。

佩里森戴着面具有很多年。一天他决定取下面具看看自己真实的样子。他走进盥洗室，关上了门，又犹豫了很久才取下了面具。当他朝镜子中看去的时候，他简直不敢相信自己的眼睛。他的脸已被塑造得和面具的形状一样，他真的变英俊了！

为什么说培养健康的情绪是危机预防与干预的起点？

情绪是个体对外界事物的态度，是人脑对客观外界事物与主体需要之间关系的反应，是心理活动的核心，对身心健康有重大的影响。积极的情绪有利于提高人体的免疫功能，在危机未产生时起保健作用，危机来临时，可减轻危机对个体的伤害。它与积极认知的相互作用，既有利于危机的解除，又有助于学生人格的完善。情绪培养又称情感培养，是指运用心理健康教育的有关理论和技术，帮助学生认识、接纳和恰当地表达自己的情绪，识别他人的情绪并能有效地沟通，掌握疏导不良情绪的方式；是防止和克服消极与冲突的情感，培养良好情感品质的一种活动。

情绪培养的目标是：增进社会认知能力，增进情绪理解能力，增进情绪表达能力，增进自我控制能力，增进挫折容忍能力，减少焦虑、沮丧和退缩，能与人比较好的分享和合作，能够比较好地处理冲突等。

危机的预防及干预之所以以培养青少年健康情绪为起点，是由情绪与青少年危机的关系所决定的。在各类心理障碍中，情绪障碍与危机的相关度最大。中小学生对自我情绪的认知能力不强，情绪自我控制调节能力差，经常表现出情绪的不稳定，极易受突发事件影响而产生无望、无助情绪，在这种状态下，无论是哪种不良情绪，都会极大地削弱他们对问题的理解和领悟能力，以致他们应对不当，行为失误，从而引发各种危机。

20世纪60年代，在一场夺人眼球的斯诺克台球世界冠军赛上，两位势均力敌的球坛奇才路易斯·福克斯和约翰·迪瑞正进行着激烈的决赛，奖金是4万美元。

路易斯·福克斯在决赛盘中如有神助，状态出奇的好，分数一路遥遥领先，冠军已唾手可得。此时，福克斯很自信地准备做最后几杆击球，迪瑞则沮丧地坐在一个角落里，他可能觉得胜负已定，比赛已无悬念了。突然，一只苍蝇绕着球台盘旋了一会儿，然后叮在了主球上。

福克斯毫不在意，微微一笑，一挥手"嘘"地一声赶走了苍蝇。随后，他重新瞄准主球，伏下身子准备击球。谁知这只苍蝇又回来了，还是落在主球上。安静的观众席中发出了一阵笑声。

无奈，福克斯又轻"嘘"一声将苍蝇赶跑了，好在他的情绪还没有因为这个意外的干扰而产生波动。可是当他再次做好姿势准备击球时，苍蝇又飞回来停在了原来的地方。福克斯的情绪开始被这只讨厌的苍蝇所影响，而且更为糟糕的是，苍蝇好像是有意跟他作对，只要福克斯一准备击球，苍蝇就会落到主球上。观众席中的笑声与嘈杂声越来越大，比赛快演变成一出闹剧。

这让一向冷静的福克斯开始变得烦躁不安，一再忍耐克制的他，终究还是失去了理智，愤怒地挥舞球杆去驱赶苍蝇。主球被碰到了，虽然主球仅仅滚动了一英寸，但显然还是会被判为击球。苍蝇是飞走了，可是由于福克斯触及了主球，他也失去了继续击球的机会。

对手约翰·迪瑞则充分利用了这一天赐良机，奋起直追，连续打出漂亮的击球，球技充分得到展现。比赛结束，"幸运者"迪瑞夺得世界冠军并拿走了4万美元奖金。

比赛结束后，福克斯独自一人离开赛厅，在奇怪的梦幻中游走，他无论如何也接受不了自己因为情绪失控而失败的事实。第二天早上，一艘警察巡逻艇在河中发现了福克斯的尸体。一个球技才华横溢的青年，居然被一只苍蝇逼得自寻短见，令人扼腕叹息。

美国密歇根大学心理学家南迪·内森的一项研究发现，一般人的一生平均有340天的时间处于情绪不佳的状态，因此，人们常常需要与那些消极的情绪作斗争。在我们的人生旅途中，遇到这样或那样不顺心的事情时，切不可被情绪引入歧途，导致失去本不该失去的东西。

情绪自我认知培养的内容主要包括哪些方面？

情绪是脑的活动过程，愉快稳定的情绪是健康的重要心理条件。情绪自我认知培养的内容主要包括"情绪认识""情绪识别""情绪沟通""情绪调控""情绪熏陶"等五个方面。中小学生处于自我意识的发展之中，懂得这些，有利于学生进行情绪管理。

情绪认识培养主要是让学生明白情绪的内涵、功能、分类，以及情绪对学习、生活、工作、心理健康的意义，使学生认识人类情绪情感的丰富多样性，懂得乐观与悲观是情绪序列上的两极，并掌握它们的区别。

情绪识别培养是训练学生能更好地察觉和认识自我情绪，进而正视和理解自己喜怒哀乐的内心独特感受，敏锐体察他人情绪的活动。

情绪沟通培养在于训练学生运用言语和非言语手段，正确、合理、适当地表达自己的情绪与情感，并善于理解他人的情绪与情感，培养学生移情的能力。

情绪调控培养主要是让学生学会控制消极情绪。在不良情绪难以消除时，要懂得在适当的时候、适当的场合，运用适当的工具或对适当的人进行适当的宣泄，以排解诸如自卑、厌烦、紧张、悲观、焦虑、愤怒、消沉、嫉妒等情绪。

情绪熏陶在于培养和强化学生积极、健康的情绪，如学会爱与被爱、自信、乐观、幽默、高兴、喜悦等，养成学生求真、求善、求美的高尚情操。

一条蛇探头探脑警惕地进入了陌生的木器加工厂。它吐了吐信子，判断了一下周围环境后，决定到围墙旯旮那堆大木头下的空隙处栖身。在它快速穿过空旷的院子、就快要进入木堆下的黑暗处时，突然感到身上有些疼，一柄斜靠在木堆上的板锯锯齿刮伤了它的身体！蛇迅疾调转身体一口咬向锯齿。哇！对手好厉害！锋利的锯齿居然又弄伤了蛇的嘴巴。蛇不加思考，本能地认为它受伤是缘于板锯的攻击，于是愤怒的蛇决定施展它的独门秘笈——绞杀技。它用自己长长的身子将板锯紧紧地缠绕起来，然后竭力收紧身体要使板锯窒息，气恼中的蛇不顾疼痛，用尽整个身体所有的力量……最终，遍体是伤的蛇颓然倒下，直到咽气，蛇也不明白"怎么就死在板锯手上了？"，眼睛迟迟不肯闭上。

愤怒、发火、攻击不一定能解决问题，有时候还会把自己带入死胡同。我们不应该受到一点委屈或伤害就认为都是别人造成的，其实伤害你的有时正是你自己的错误认知。有不良情绪时，要学会冷静，学会放下。

为什么要重点提高当事人处理危机的能力？

心理危机预防和干预不单纯是由心理咨询师及相关人员一起应对危机事件，提高当事人处理危机的能力，也是危机预防和干预的重要任务。危机中的中小学生面临重大压力，情绪可能失控，行为可能失当，原有解决问题的机制难以发挥作用。只有在事前和事中提高当事人处理问题的能力，消除思维定式、功能固着，学习改变问题的方式，进行信息处理训练，理解问题可以有多种处理的方案，以及提高对处理方案的评价、选择和实施能力，才能让他们在遇到危机时能够比较顺利地度过，并使其心理发展水平得到提高。

为什么要重视抓好危机的关键转化点？

心理危机的发生是因当事人应对事件失误或认知错误而发展遇阻，危机的解除是因当事人应对事件得当或认知正确而获得发展。危机的预防和干预需要找到并抓准危机的关键转化点，以消除"病灶"，促进发展。在心理危机的预防和干预过程中既要帮助学生找出这个失误的关键点（危机点）并加以纠正，又要在此基础上做出正确的认知判断，构建发展点。

例如，如果危机是由危机者心理上的合理需求长期得不到满足，郁闷日积月累而产生的，那么寻找"转化点"的重心，就是寻找那些被阻挠的、长期没有得到满足的关键需求。比如一个孩子，当父母长期忙于职场打拼，无暇与他进行沟通以及满足他的精神、文化和情感需求时，他会感受到冷漠和被忽视，他会羡慕"别人家"的爸爸妈妈，会产生非理性的认知："我不如我的同学，我不讨人欢喜，我不被父母喜欢，实在没价值，活着没有意思。"这时，需要对他的存在有重要价值和意义的人与事来矫正他的非理性认知，要依据他当前对爱的合理需要，在让同学、老师等给他关爱的同时，及时与孩子的父母沟通，使父母能正视和重视孩子"被爱"的心理需求。最终向孩子证明他是值得被爱和值得活下去的，以激发他生活的勇气。

袋鼠与围栏的寓言故事：

一天，动物园管理员发现有袋鼠从笼子里跑出来了，开会讨论后，一致认为是围栏的高度过低。所以他们决定将围栏的高度由原来的 5 米加高到 8 米。结果没几天，他们又发现有袋鼠在外面溜达，于是他们又决定将高度加高到 10 米。没想到隔了几天居然看到袋鼠全都跑到外面，管理员们大为紧张，这次决定一不做二不休，将围栏的高度径直加高到 15 米，足足有五层楼高！

长颈鹿看见了，就和袋鼠们闲聊。长颈鹿问："你们说说看，这些人会不会再继续加高你们的围栏？""这很难说"，袋鼠回答，"如果他们再继续忘记关门的话！"

心得：要找准问题的关键。

中小学生心理危机的出现有规律可循吗？

虽然危机常常是突然爆发的，带有一定的偶然性；虽然危机往往隐藏在复杂的现象背后，但偶然性中存有必然性，偶然性总是受客观规律支配的，危机也总会通过当事者的行为表现出来。因此，中小学生的心理危机应该是有规律可循。

从规律上看，通常来说，高危学生（指存在潜在心理危机、处在危机边缘或正处于危机中的学生）在六个月内可能遭遇过重大生活事件打击，如身患难以治愈的疾病、家庭或亲戚中对自己有重要意义的人伤死病残、成绩与目标相距甚远而造成学业压力过重等，产生了程度不等、表现各异的心理创伤。他们在日常生活中往往存在着人际关系问题，经历过严重的挫折失败，同时本身又长期感到社会支持系统缺失。学生本身也往往因家庭有一定的缺陷，存在强烈的罪恶感、自卑感、羞耻感、缺陷感等，而存在人格发展的缺陷。这些要素，或是家庭亲友中有自杀史或自杀倾向者，都是我们发现高危学生的重要注意点。

哪些"家长参与"容易引起中小学生的心理危机？

虽然现在的父母工作比以前任何年代的父母都

忙，但多数父母对孩子的管理却越来越精细了，他（她）们程度不同地积极"参与"孩子成长的过程。这里所说的"参与"是指家长为了促进孩子学业成功，与学校和孩子进行的互动。家长参与可以分为不同的类型：过程导向型和结果导向型，积极情绪型和消极情绪型，以及积极信念型和消极信念型。

过程导向型的家长参与，重视学习本身的意义与价值，看重孩子对学习的重视态度以及努力程度，关注孩子学习过程中的积极情绪体验。结果导向型的家长参与，重结果而不重过程，过于关注孩子的学习天赋及最终的学习成绩，功利性过强。

积极情绪型的家长参与，有正向、积极的作用。表现为家长努力营造愉悦、温暖、民主、聆听的氛围，经常与孩子进行积极的交流，表达积极的期望。这是学习效率提升的重要保证。消极情绪型的家长参与，则表现为当孩子遇到不尽如人意的学习结果时，家长表现出愤怒、责怪或怨恨的情绪，并伴有训斥、羞辱、放任等负向消极的行为。

"信念"可以理解为"观点"或"看法"，是对某样事物的（积极的）主观判断。如："这是事实"或者"这必将成为事实"。积极信念型的家长参与，反映了家长主观上对孩子个人能力的坚定不移的积极期待、客观上对孩子意愿的尊重与支持，当然，也不排除引导孩子将学习过程中的挫折进行积极的归因。消极信念型的家长参与，孩子的学习能力被怀疑，家长将自己不切实际的意愿、期望强加于孩子身上，一味与"别人家孩子"的优点进行比较。

结果导向型、消极情绪型、消极信念型这三种"家长参与"会给孩子带来更多的挫折、失败和不良情绪体验，更容易引起孩子的心理危机。

哪些家庭类型容易引起中小学生的心理危机?

不良的家庭类型导致中小学生出现心理危机的几率要大于正常的家庭类型。不良的家庭类型有以下几种:

对社会不信任和充满敌意的家庭。这种家庭里的家长整天戴着有色眼镜来看待社会上的一切,成天只看到社会上的阴暗面,对社会充满不满情绪,满腹牢骚,必然会给孩子带来不良的影响。

爱使用暴力的家庭。家庭中会有各种矛盾,但在这样的家庭中,解决矛盾的方式不是相互沟通,不是包容体谅,不是循循诱导,而往往是使用暴力。

缺少爱与温暖的家庭。从表象上看,许多问题学生来自离异、再婚、特困、分居、服刑和寄养者家庭。实质上,这些学生主要是缺少家庭的爱与温暖。在一个整日争吵、父母不和的缺损家庭或不完整的单亲家庭中,孩子难以得到父母的关怀与温暖,容易在心理发展上形成明显的缺陷而导致危机。

一个犹太家庭的父亲,存钱存了很久,终于买了一辆心仪已久的新车。新车买回家后,他每天用完车后都要擦洗、打蜡,珍爱有加。他五岁的儿子也常常乐此不疲地帮爸爸一起擦洗车子。

这一天,父亲长途跋涉开车回到家后,累得一动也不想动。尽管自己的爱车蒙了一层灰土,显得脏旧不堪，但是他决定破一次例，改天再洗车。五岁的儿子见状，就自告奋勇地要帮爸爸洗车。父亲见他小小的年龄，就知道体恤大人的劳累，心里甚感欣慰。

儿子要动手擦车，却怎么也找不到擦车专用的毛巾。当他到处寻找时，无意中走进厨房，忽然想到母亲平常炒完菜洗锅时，都是用钢刷使劲刷才刷干净的。"既然找不到洗车毛巾，就用钢刷吧！"他拿着钢刷出去用力地擦起车来，一遍又一遍，像刷锅一样刷车。

等他把灰土基本刷掉，用水管冲洗完车身之后，他愣住了，车子怎么都花了？他急忙跑去找父亲，说："爸爸，车子不对了，你来看车，你快来看车！"父亲疑惑地跟着儿子走到车前，"啊！我的车，我的车！"父亲看了眼地上的钢刷，撇下发呆的儿子，怒气冲冲地走进房间，气急败坏地跪在地上祷告，"上帝耶和华呀，请你告诉我，我该怎么做？那是我新买的车，一个月不到就变成这样，我该怎么处罚我的孩子？"他才祷告完，耳边忽然出现一个声音："世人都是看表面，而我却是看内心！"瞬间，他领悟了。

他走出房门，闯了大祸的儿子正害怕地流着泪，动也不敢动地站在那儿。

父亲走上前去，把孩子紧紧地拥在怀里，亲切地说："谢谢你帮爸爸擦洗车，爸爸对你的爱，远远胜过对那辆车子。"

亲子关系紧张会引起中小学生的心理危机吗？

亲子关系紧张不但会引起中小学生的心理危机，而且是造成中小学生心理危机的重要原因。

中小学生，特别是中学生，正处在一个比较特殊的成长阶段，与父母的关系容易出现裂痕，虽然有些家长和孩子有一定的交流，但仅仅停留在孩子的成长和学业上，缺乏深层次的心理交流。在影响亲子关系的各种因素中，除父母的教养方式外，父母与孩子的沟通状况也是其中重要的因素。紧张的亲子关系，不仅给孩子带来过大的心理压力和精神负担，而且还会因为孩子的心理需要得不到正常满足而产生负性的情绪体验，如沮丧、烦恼、压抑、愤怒等。这些消极情绪如果长期得不到排解，就可能引起心理障碍，形成危机。

亲子关系危机往往是孩子心理危机的导火索，严重影响孩子的健康成长。家庭亲子关系危机的根源主要为：过度溺爱、专制霸道、养育缺位、家庭不和、重养轻教等。这些做法必然会导致亲子关系危机潜伏，危机早晚有一天会爆发出来，只不过很多父母没有意识到问题的严重性。此外，家长语言上的伤害，也会使亲子关系产生裂纹，对孩子伤害严重的语句有："你就是一个笨蛋，一个没用的东西。""住嘴！没让你说话，你就不要说话。""我说了算，我说不行就不行。""那我再也不管你了，随你的便好了。""你若考全班第一名，我就给你买……""你可真行啊，竟做出这种事！""你又做错了，真是笨！""一看你就没多大的出息，将来就拾破烂吧！""都是一样的孩子，为什么你怎么就不如别人！""一提读书你就没精神，除了玩你还会干什么？"

哪些不当的学校教育会引起中小学生的心理危机？

学校是获得知识、习得经验、进行人际交往、实现个体社会化的重要场所。中小学生的大部分时间是在学校度过的，学校教育在中小学生的身心发展中起着重要作用，倘若学校教育不当则也会引发学生的心理危机。

例如，学校教育理念不正确，片面追求升学率，导致中小学生、尤其是中学生在整个学习期间都会感受到各种各样的人为施加的压力，如过重的学习压力、考试压力、升学压力，并迁移产生情绪情感压力、人际交往压力等。少部分心理容忍力差的学生持续承受长期的、超过其所能承受的压力范围的话，就有可能在他们身上引发出各种烦恼，甚至心理疾病。如过度焦虑、紧张、抑郁、强迫行为，或因对考试的极度厌倦和对考试结果的过分担心而出现的暂时性遗忘，以及考试恐惧症或学校恐惧症等。例如，学校只注重教师个人的"绩效"，不关注教师的心理健康，导致少数教师也存有一定程度的心理问题，出现诸如"焦虑水平偏高""性格忧郁孤僻""逆反心理较强"等。但这些心理问题的外显往往被人认为是"追求完美"而表现出的自制力和自我约束，是恃才自傲、气势凌人，是自视清高或深沉等，不被重视。由于教师是教育影响的主导者、支配者，他们对教育环境的调控对中小学生来说可能具有"决定意义"、他们的心理健康状况直接或间接地影响着学生的心理与行为，尤其对向师性极强的中小学生的心理健康、学业成就和人格发展影响更大。

在个体人格发展方面，教师的影响仅次于父母。一个孩子如果拥有甜蜜的家庭，享有父母的爱，又得到一个身心健康的教师，都是无比幸福的。相反的，如果他既不能由父母那边得到足够的关怀与爱护，又受到情绪不稳定教师的无端困扰，必将造成许多身心发展的问题。（美国学者所罗门教授）

生活中哪些重大事件会引起中小学生的心理危机?

所谓的生活中重大事件指的是:学习事件、丧失事件、心理适应事件、人际关系事件等。

学习事件:考试失败或距理想甚远、学习负担过重、升学压力过大、预期目标落空。丧失事件:毁容或失去部分肢体,亲人死亡或判刑、被撤职或被开除出某一组织(如社团、运动队),被盗或丢失东西,父母一方或双方下岗,亲友或本人重病。心理适应事件:搬家、生理激变、意外惊吓事故、转学或更换班主任。人际关系事件:被人误会或错怪、受人歧视或冷遇、失恋、与好友纠纷、当众被羞辱、被人欺诈。

如果中小学生在之前的六个月内经历了重大生活事件,那么出现危机的可能性会大大增加。由于中小学生社会阅历少,因此需要各方面细心呵护才能确保其心理健康,否则就容易发生心理危机。

金丝猴垂头丧气地坐在大树下的一块大石头上,连声叹气。梅花鹿刚好从这里走过,关心地问金丝猴:"你今天精神萎靡不振,是生病了,还是遇到了其他的事情?"

金丝猴抬起头,对梅花鹿说:"我没有生病,之所以闷闷不乐,是因为和朋友间发生了一点不愉快。前些天,和刺猬玩捉迷藏时,我躲在树丛中,他把身体蜷缩成一个刺球，在树丛中滚来滚去地寻找我。突然，刺猬猛地朝我滚过来，我来不及躲闪，脚被他的尖刺扎伤了。我十分生气，捡起石块狠狠砸了他。其实我用石块砸他只是一时气愤，没想到他从此就不理我了。我们是多年的朋友，他不应该为这事就记恨我呀！"

梅花鹿对金丝猴说："刺猬和你玩捉迷藏时不小心用尖刺扎伤了你的脚，这是他的不对，你应该宽容他才对，而不应该捡石块去砸他呀！你要珍惜你们的友谊，主动去向刺猬赔礼道歉，以得到他的谅解。"

金丝猴委屈地说："是他先用尖刺扎伤我的脚，我才拿石块砸他的。要赔礼道歉，也应该是他先向我赔礼道歉！他不来，我才不主动去向他赔礼道歉呢！"

梅花鹿语重心长地对金丝猴说："宽容是一种高贵的品质，朋友之间尤其应该相互宽容。心胸狭窄，为小事斤斤计较是自寻烦恼。没有宽容大度，就不可能有真正的朋友和快乐！"

人际交往心理障碍形成的原因及危害有哪些？

人际关系的心理构成包括三方面心理要素：认知、情绪、行为。认知是中小学生在交往中的互相理解，是首要的、基本的要素。情绪是情感的体验和联系，包括体验自己的情感和体验他人的情感，以及相互之间的情感沟通体验，如喜欢、厌恶等等。行为则是包括了人际交往中，言语与肢体表情等在内的各种活动及过程。

在实际生活中，由于学生们的具体生活环境、文化习俗、家庭教育程度的不同，以及个人气质、性格的差异，导致在认知和行为方面存有偏异。例：害羞，自卑、固执、封闭、攻击、害怕、强迫等症状表现。比如有学生因为自身的胖、矮等生理缺陷，形成很强的敏感多疑、孤僻、自我封闭等各种认知表现。不良认知的存在，会使学生在人际交往过程中产生焦虑、恐惧、抑郁等不良的情绪体验，而负性情绪则可能影响必要的社会功能，导致不良的人际交往行为，最终造成人际交往方面的困难，形成心理疾病。

《红楼梦》中的林黛玉因父母双亡、寄人篱下，从而导致认知方面敏感多疑的偏异：

周瑞家的奉薛姨妈之命送宫里头作的簪饰花朵。从行走路线上看，本是顺道一路走来，迎春姊妹、凤姐、黛玉，没有先后顺序可言，走到哪儿送到哪儿；再从宫花来看，十二支宫花，样式有别，但材质一样、工艺相同，没有孰优孰劣。送给迎、探、惜时，都是她们的丫头收的，送给凤姐四支，也是平儿打开匣子拿的，凤姐看后又还回两支，命："送到那府里给小蓉大奶奶戴去。"此前未有人挑挑拣拣。送给黛玉时，虽只有两支了，但并非是挑剩下的。可林黛玉得知凤姐及三位姑娘都有了时，便冷笑道："我就知道么，别人不挑剩下的也不给我呀。"

贾母为薛宝钗庆祝生辰时，史湘云说戏台上的小旦扮上"像林姐姐的模样儿"，众人都笑着附和。说者无意，但林黛玉却敏感地觉得"我原是给你们取笑儿的——拿着我比戏子，给众人取笑儿！"

一次，林黛玉去敲怡红院的门，刚刚拌完嘴的晴雯没有听出是她的声音，使着性子说："凭你是谁，二爷吩咐的，一概不许放人进来呢！"拒绝开门。如果她在门外高声自报"家门"，事情也就解决了。但寄人篱下的处境，使这个纯粹的误会重挫了她："如今父母双亡，无依无靠，现在他家依栖，如今认真恼气，也觉没趣。"那一夜，她"倚着床栏杆，两手抱着膝，眼睛含着泪，好似木雕泥塑一般，直坐到二更多天，方才睡了"。第二天，她看见落花满地，便触景生情地写出了那篇凄凉的《葬花词》。

如果出现严重的人际关系问题，学生会有哪些异常征兆？

如果学生出现了严重的人际关系问题，我们可以在其言语文字、行为活动、情绪反应中发现一些异常征兆。

常见的言语征兆有：在语言表述中流露对他人的不满、愤怒，甚至谈及"这个世界没有希望""活着毫无价值" "在教室里，我一分钟也待不下去"等消极话语。

常见的文字征兆有：在文字（作文、日记）中可见人际关系冲突的表述，甚至写到与自杀、死亡有关的话题。

常见的情绪征兆有：流露出消极、悲观，厌世的情绪；抑郁的情绪突然异常"好转"；异常地冷漠、萎靡不振、绝望、逃避社会；自责、自罪等。

常见的行为征兆有：在危险地带徘徊；异常的攻击行为、明显的自伤行为；写遗嘱，人际交往行为突然发生剧烈的改变等。

如何有效调节人际交往中的心理状态？

人与人的相互关系最好是相互理解、情感融洽、行为协调。但是理想化的东西在现实中很难实现。有时，一些学生在人际交往方面甚至会出现一些严重偏离正常轨道的现象，导致某些心理疾病发生的缺憾。该如何对学生错误的人际交往行为进行干预呢？又该如何去进行综合性的预防呢？

教师首先要让学生知道：在人际交往中，一味采取回避的做法是不可取的。因此根据弗洛伊德的精神分析理论，人都有相互依附的生物本能。根据人本主义理论学派的马斯洛需要理论，人都有爱与被爱的需要，人需要尊重和被尊重。

其次要让学生知晓：真诚是最重要的人际交往基础。人们最喜欢的品质是真诚，最讨厌的品质是虚假，所以，要做到真诚待人。

再次要引导学生：在人际交往的过程中，要学会用辨证的思维方式来认识交往的对方，消除各种不合理、片面化的认知倾向；同时正确认识自我，挖掘自身的长处和优势。

最后要告诉学生：可以学习一些提高人际交往的技巧，但最重要的是积极主动地去参与各项人际交往活动。在人际交往中，有效地调节自身的心理状态，不断提高自己的人际交往能力才是王道。

"有嫉妒心的人自己不能完成伟大事业，便尽量去低估他人的伟大，贬低他人的伟大性使之与他本人相齐。"诚如黑格尔所说，人际交往的心理障碍之一是嫉妒。但也有许多人能做到正确认识自己，而不嫉妒别人。

第一次登陆月球的人，其实有两位，除了以"这是个人迈出的一小步，但却是人类迈出的一大步"这句全世界家喻户晓的名言，为大家所熟悉的阿姆斯特朗外，还有一位是奥尔德林。

在庆祝登陆月球成功的记者会上，有一个记者突然问了奥尔德林一个很特别的问题："由于阿姆斯特朗先下去了，他成为登陆月球的第一个地球人，你现在是不是觉得有点遗憾？"

在全场有点尴尬的气氛下，奥尔德林很有风度地回答："各位，千万别忘记了，回到地球时，我可是最先走出太空舱的。"他面带笑容环顾四周接着说："所以我是由别的星球来到地球的第一个人。"

所有与会者，都给予了他最热烈的掌声！

高危学生的发现策略有哪些？

高危学生的危机往往处在迅速发展变化中，发现策略主要有：通过"观察法"来了解学生心理行为状况；通过"结构性谈话"来了解学生心理状况；通过"问卷法"来搜集学生心理和行为数据；通过"心理测验法"来了解学生心理发展状况；通过"研究学生心理档案"来了解、评定、预测学生心理行为状况。而且在现实中，常常需要综合运用各种方法才能准确判断和及时发现问题，为心理危机的预防赢得时间。

使用"观察法"的步骤和注意事项有哪些?

青少年的心理活动外显性强,所以可通过其外显行为的观察,来了解他们的心理活动。观察法作为一种发现学生心理危机最基本、最普遍的方法,在应用时主要包括以下三个步骤:

首先是确定观察内容。比如观察学生的情绪表现还是行为表现,观察学生的人际关系还有学生的学业状况等。其次是选择观察策略。常用的观察策略有参与观察策略、取样观察策略以及行为核查表策略等。最后是制定观察记录表。可以用纸、笔文字记录,也可用观察代码系统,只要有利于记录和分析即可。

使用观察法了解学生心理行为状况,还应当注意以下问题:

第一,要尽量在真实的环境中观察。例如观察学生的家庭关系时应进入学生家庭,了解其父母的行为方式,注意其父母的言谈举止等。第二,观察时,尽量使学生处于正常活动状态中,不要让他们意识到自己已经成为观察对象。第三,要善于记录与观察目的有关的事实,以便事后进行整理分析,提出干预措施。记录小学生言语情绪表现,应避免用成人的语言记录。第四,观察者除了观察学生的言行之外，还应分析学生的其他相关材料，如作文、日记、手工制作、绘画作品等。

鲁国的大夫郈成子，以善于观察人与事而闻名天下，有个经典事迹可以印证：

有一次，郈成子作为鲁国的使节出使晋国。途经卫国，卫国的右宰相谷臣设宴招待了他。在宴会上，右宰相让乐队奏乐，但是乐曲并不是欢快喜乐的。当喝酒正畅快的时候，右宰相拿出名贵的璧玉送给了郈成子。

郈成子完成出使任务从晋国回来，又经过了卫国，但他却没有向右宰相告别，径直回国。郈成子的车夫对此很不解，就问："上次我们途经卫国，右宰相宴请了您，你们的感情很欢洽。而今天我们重新经过这里，为何不向他告别一下呢？"

郈成子面有忧色地说："他留下我并宴请我，应该是要与我欢乐一番。可命令乐队奏的乐曲并不欢快，这是向我表示他的忧愁啊！喝酒正畅快的时候，他又把璧玉送给了我，这是想把璧玉托付给我啊。从这些迹象看，卫国大概要有祸乱了！"

郈成子离开卫国三十里的时候，听到了宁喜作乱杀死了卫君、右宰相为卫君殉难的消息。郈成子立刻将座车掉转头回到右宰相谷臣家，再三祭拜之后才回鲁。回到鲁国后，郈成子又派人去卫国把右宰相的妻子儿女接到了鲁国，将自己的住宅划出一部分给他们住，并用自己的俸禄供养他们。等到右宰相的儿子长大后，郈成子就将璧玉还给了他。

怎样通过"结构性会谈"来了解学生是否产生心理危机?

结构性会谈是由专职心理教师通过与学生进行有目的的会谈,从中收集学生的相关信息,了解学生是否产生心理危机的一种方法。结构性会谈强调事先要有详尽的方案准备,包括会谈的内容及技术设计。应注意的问题主要有:

A. 会谈前要尽可能多地了解该学生的各方面情况,选择好会谈的事件和地点,带齐会谈所需要的材料,充分熟悉会谈内容及步骤。

B. 要尽可能在营造合作与友好的会谈气氛后,再导入预设的会谈内容。

C. 要掌握会谈的艺术。会谈的话题应该是学生乐于回答和能够回答、并能从中分析学生的心理活动的,谈话者还要善于因势利导地借助能引起学生共鸣的媒介与其沟通,以全面客观地了解他们的心理状态。

D. 掌握会谈的方向。谈话者可以运用多种提问方式引导好会谈方向,使谈话始终围绕会谈目标进行,避免脱离主题。

E. 会谈必须做记录,但是应该现场少记、事后补记。要边交谈、边观察,及时捕捉能反应学生心理危机状况的信息。

如何使用"问卷法"来搜集和分析学生心理和行为数据？

问卷法也称问卷调查法，是调查者运用统一设计的问卷向被选取的调查对象收集心理和行为数据资料的一种方法。问卷法具有效能高、标准化程度高，能在短时间内收集大量资料，且便于定量分析的特点。

问卷法的运用，关键在于编制问卷，选择被试和结果分析。

问卷一般包括标题、前言和指导语、问题与备选项（答案）、结束语几部分。其中，问题与备选项是问卷的核心。在设计问题与备选项时，设计者对问题的类型应该有清楚的认识，要善于根据研究目的和具体情况选择适当类别的问题。表达问题时语词使用要得当。备选项（答案）也要精心设计，要避免含有社会公德类的备选项，以避免答案的失真。

问卷在正式使用前，应经过大量试用，以证明其效度信度的可靠。

有哪些"心理测验"量表可用来了解学生心理发展状况？

心理测验量表采用标准化题目，按照规定程序，通过测量的方法收集数据资料。使用心理测验量表可以了解和研究中小学生心理的发展状况、发现心理危机问题，既可以进行大规模的普查、筛查，也可以单独针对某些有危机征兆的学生进行个别诊断、评估。

可采用的心理测验量表较多。有查找有学习焦虑、对人焦虑、孤独倾向、自责倾向、过敏倾向、恐怖倾向、冲动倾向等的"心理健康诊断测验"量表；有重点查找不稳定、不适应、消极型学生的"性格测验"量表；有旨在查找对学习环境严重不适应、甚至产生学校恐惧的学生的"学习适应性测量"量表；有着重了解有反抗倾向、被压迫感，欲求不满强烈的学生的"问题行为早期发现测验"量表；有目的是在家庭结构异常的学生中，找出在父母拒绝、支配、矛盾三种态度下，具有反社会性力或非社会性行为的学生的"亲子关系诊断测验"量表；有通过中小学生对自杀行为、对自杀者的态度，对自杀者亲人的态度，对安乐死的态度等的分析，了解学生对生命质量和生命价值的认识，了解他们对自杀的态度的"自杀态度问卷"量表；有对灾后有心理障碍的学生，或其他创伤后应激障碍的学生进行筛查和诊断的"创伤后应激障碍简易筛选"量表。

"学生心理档案"在危机预防和干预中的功能作用？

学生心理档案一般应在学生入校后两三个月时间内建立，这样有利于得到珍贵的原始数据，如学习适应性、人际关系、学习焦虑等在内的心理健康状况指标数据（当然，个性特征、情绪表现等也是重要信息资料），方便今后做数据对比。此外，学生心理档案还应包括学生的姓名、性别、年龄、家庭住址、联系方式、家庭基本情况、父母受教育情况以及个人基本生活经历等在内的个人基本信息。

建立学生心理档案，可以掌握每个学生的心理健康状况，还可以动态地监测学生心理变化情况，了解学生学习、生活、社会交往、家庭关系的变化，了解学生过去是否有心理创伤，是否有可能导致危机，了解学生先前的一些心理量表测试是否指数正常（如焦虑方面、抑郁方面）。对有心理危机的学生能早发现，早干预，防止极端情况发生，有效地做到预防、预警和干预，是一种很好的学生危机预防手段。如果一旦发生心理危机事件，学生心理档案还可以提供该生纵向的心理健康变化情况，供干预时参考。

"危机类型鉴别"是怎么回事？

　　学生危机类型的鉴别，要综合分析观察、结构性谈话、心理测验、心理档案研究所获得的资料来进行。要弄清楚究竟是发展性危机（在正常成长和发展过程中，急剧的变化或转变所导致的异常心理反应），还是境遇性危机（遇到罕见和异乎寻常的危及生存的事件，且个人难以预测和控制时出现的危机），或是存在性危机（指伴随着重要的人生问题，而出现的内部冲突和焦虑），因为不同的心理危机有不同的预防、干预手段。

　　危机类型鉴别应由有经验的专职心理教师或者专业心理咨询师来进行。

"危机水平评估"是怎么回事，应由谁来进行？

　　学生心理危机通常要经历四个阶段：发生期，此阶段多数当事人会表现出恐慌、焦虑等异常表现，个体的日常功能状态明显受影响；防御期，当事人启动自身常用的应对机制以恢复心理上的平衡，控制焦虑和情绪紊乱，争取恢复受损的认知功能，但当事人的正常应付机制不一定能有效应对；求助期，当出现生理、认知、情绪和行为等问题，出现抑郁、焦虑反应加剧等情况，当事人或当事人的家长寻求各种资源努力设法解决问题，求助专业危机干预工作者或医院等外部资源的帮助；成长期，经历了危机变得更成熟，获得应对危机的技巧，但也有人未能有效度过危机而出现种种精神心理问题。

危机水平的评估是对学生心理危机严重程度，以及对学生自身和他人的危害程度的评估。一般包括三方面的工作：一是个体是否存在生命危险，即是否有自杀、自残方面的倾向；二是个体是否存在冲动攻击，即是否有攻击、伤害他人方面的倾向；三是个体是否丧失了原有的社会角色能力，是否与周围环境隔绝或离开原先所处的自然、社会环境。如果危机严重程度较高，就要求立即着手干预，进行监护和咨询治疗。

危机水平评估应由有经验的专职心理教师或者专业心理咨询师、心理医师来进行。

"当精神病学进入 21 世纪时，弗洛伊德学说的许多部分可能会被抛弃，但关于防御机制的阐述却不会。" G.E.Vaillant 认为防御机制是弗洛伊德对人类心理学最具创造性的贡献。精神防御机制的种类很多，在术语、定义等方面也存在着一定的分歧。现实生活中较为常见且较有定论的防御机制主要有：

压抑。也叫潜抑，是指把那些不能被意识所接受的冲动、观念或回忆、情感等压抑到潜意识中去。这是一种不自觉的主动遗忘和抑制，是最古老和最危险的防御机制之一。

否认。有意或无意地拒绝承认那些不愉快的现实，似乎事情根本就没有发生过，以此减少心灵上的痛苦。

退行。当人受到挫折无法应付时，即放弃已经学会的成熟态度和行为模式，退行到困难较少、阻力较弱、较安全的儿童时期，无意中恢复儿童期对别人的依赖，害怕再担负成人的责任。

幻想。指一个人遇到现实困难时，因为无力处理这些实际问题，就利用幻想的方法，任意想象应如何处理心理上的困难，以达到内心的满足。

置换。又称转移，指对某一对象的情感，因某种原因（发生危险或不合社会习惯）无法向其直接表现时，就转移到其它较安全或易被大家所接受的对象身上，使自己的情感得到宣泄，心理得到平衡。"迁怒"就是这个机制的一种。

合理化与理智化。合理化指个人遭受挫折或无法达到所追求的目标，以及行为表现不符合社会规范时，给自己找一些有利的理由来解释。用一种能为自己所接受的理由来替代真实的理由，以避免精神上的苦恼。与合理化有相似之处的是理智化：过分使用抽象思维，或者以普遍化和概括化的形式处理个人情感上的苦恼或心理冲突，以掩盖个人在生活中所感受到的不快。

投射。一般是指将自己不喜欢或不能接受的性格、态度、意念等，投射到别人身上或外部世界去，而断言别人是这样，以免除自责的痛苦。

摄入。或称心力内投、内向投射，与投射作用相反。是把外部对象或自己所赏识的某些人物的特点摄入到自己的行为和信仰中去的一种防御机制。

反向。内心里有一种欲望或冲动，承认了会引起内心的不安，反而表现出与其相反的欲望和冲动。出现"口是心非"的情况。

代偿。也叫补偿，是指个体利用某种方法来弥补其生理或心理上的缺陷，从而掩盖自己的自卑感和不安全感。过份的补偿可导致心理变态。

仿同。把一个他所钦佩或崇拜的人的特点当作是自己的特点，用以弥补自身的不足。仿同有两种，一种是近似模仿。另一种是利用别人的长处，满足自己的愿望、欲望。

隔离。将一些不快的事实或情感分隔于意识之外，以免引起精神上的不愉快。在心理辅导中，患者在潜意识中所要掩饰的，往往正是心理辅导要针对的问题。

抵消。一旦发生了一些令人无法接受的事情，人们常常以某种象征性或魔幻般的姿态或仪式来抵消由此造成的心理不安和其他痛苦体验。

禁欲。青春期表现出来的一种心理特点。青春初期的青少年常常对出现的性冲动感到不安，为了使自己不致于因此而做出越轨行为，他们便通过放弃一切欲望和快乐来保护自己。

躯体化。指把精神上的痛苦、焦虑转化为躯体症状表现出来，但患者对此完全不知觉，转化的动机完全是潜意识的。

升华。把被压抑的不符合社会规范的原始冲动或欲望，用符合社会要求的、建设性的、高尚的行为方式表达出来。如用跳舞、绘画、文学等形式来替代本能冲动的发泄。

幽默。一种积极的精神防御机制形式，是较高级的适应方法之一。当一个人遇到挫折时，常可以用幽默来化解困境，维持自己的心理平稳。

利他。有人认为利他主义也是一种投射作用。人们通过采取某种行动，一方面满足了自己的需要，一方面又帮助了别人。

预防学生发生心理危机，有哪些有效的应对策略？

在学校里，有许多教育活动和措施可以预防或减少学生心理危机的发生。如，进行行之有效的心理健康教育宣传工作、开展内容多样的生命教育、提供化解心理纠结的个别心理辅导和促进学生互助的团体心理辅导、模拟进行应对应激情境的能力培养、加强学生寻求社会支持的求助意识、消除学生负性自动想法、开展丰富的文化体育活动（让被压抑、攻击的能量在活动中得到充分释放）、构建多层次的学校危机预防体系和强大的社会支持体系。

预防学生心理危机的宣传教育，主要途径有哪些？

从时间和空间上讲，学校可借助课程中正常的心理辅导活动课教学，以及每天的晨（午）会课、每周的班会课、一年一度的心理健康教育活动月，进行中小学生心理健康教育的价值、意义、理论与方法的宣传教育。

从途径方面讲，可以融入学校的各种教育专题，如青春期教育、法制教育、安全教育、人口教育，融入到学校的艺术节（心理剧）、主题升旗仪式等，亦可将心理健康知识要点制成书签、课程表，便于学生随时阅读。

从要素角度讲，一定要让全体学生、特别是高危学生，知晓学校心理咨询室和各区学生心理健康教育咨询中心的心理热线电话、地址，以备在需要时能有效地寻求到心理援助。

如何帮助学生认识和尊重生命？

生命教育从最根本的意义来说，乃是一种全人教育，它涵盖了人从出生到死亡的整个过程和这一过程中所涉及到的各个方面，既关乎人的生存与生活，也关乎人的成长与发展，更关乎人的本性与价值。是帮助学生认识生命、尊重生命，提高生存能力和生命质量，促进个体自我和谐发展的主要途径。其目标在于使学生学会尊重生命、理解生命的意义以及生命与天人物我之间的关系，学会积极地生存、健康地生活与独立地发展。要通过生命教育内容的多样性，使学生了解生命的诞生、生命的宝贵，理解生命属于自己、属于他人、更属于社会，完成包括认识自我、发现自我、悦纳自我、实现自我、完善自我在内的教育，完成包括促进个体与社会的和谐、关心他人、尊重和珍爱他人生命在内的教育，完成包括促进个体与自然的和谐、尊重生命的多样性、热爱自然、保护自然环境在内的教育。

悦纳自己的故事：

有一个女孩子，总觉得自己不讨别人喜欢，因此有一点自卑。一天，她偶尔在商店里看到一支漂亮的发卡，当她戴起它的时候，店里的顾客都说漂亮，于是她非常高兴地买下发卡，并戴着它去学校。接着奇妙的事发生了，当充满自信面带微笑的她走在校园中时，许多平日不太跟她打招呼的同学，纷纷来接近她，一些同学还约她一起去玩，于是原本死板的她，一下子变得更加开朗、活泼了许多。但放学回家后，她才发现自己头上根本没有戴那个具有神奇力量的发卡，她居然在付钱后把发卡忘在了商店里。

她的容貌并不因发卡的存在与否而改变，她改变的只是心态，是心态使别人改变了对她的态度。因此，面对那些无法更改的客观现实，与其整天抱怨苦恼，还不如坦然接受，以积极、赞赏的态度来悦纳自己。

历史上还有许多悦纳自己、获得成功的名人：

亚里士多德的沟通能力有障碍，但他是一位内省力很高的哲学家；孙膑腿上有残疾，但他是中国古代杰出的军事家；梵高受情绪困扰，但他在视觉上的成就却是超凡的；罗斯福的下肢残疾，但他带领美国人赢得了在第二次世界大战中的胜利；海伦·凯勒盲聋，但她自尊自信的品质，使她成为人类永恒的骄傲；爱因斯坦曾遇上学习障碍，但他在科学上的成就有目共睹；贝多芬失聪，但他是乐坛的巨人。

个别心理辅导的作用有哪些?

学校的个别心理辅导，指的是辅导老师和学生面对面的谈话，也称为个别咨询或面询。个别心理辅导的理论和技术很多，精神分析学、行为主义心理学、人本主义心理学、认知心理学都是传统的心理辅导理论和技术，现在更强调理论和技术的整合运用。

　　学校个别心理辅导的目的有三个方面：一是心理教师与高危学生建立良好的辅导关系，介绍心理辅导的价值，介绍可为学生提供帮助的心理辅导内容和途径。二是为学生提供了一个私密安全的空间，有利于学生降低心理防御，将自己心中的烦恼、焦虑、不安或是困惑直接向心理辅导老师进行充分详尽的倾诉。三是提供个别心理援助，帮助学生解决或是缓释心理矛盾，把危机消灭在萌芽状态或是降低危机的等级。

团体心理辅导的形式、作用有哪些？

　　团体心理辅导主要针对问题类似的同学。由 6 至 8 个学生组成小组，通过心理辅导老师引导，学生在共同的活动中彼此进行交往、互相启发、相互作用和探究，互相帮助，达到探讨自我，尝试改变行为，学习新的行为方式，改善人际关系，解决问题、促进自我成长的目的。团体心理辅导的形式多种多样，领悟性团体、支持性团体、活动性团体、教育和社会性团体等都是常见的团体类型，心理剧、心理游戏、班级辅导等都是常用的辅导形式。

　　此外，团体辅导可以在有限的时间内为更多的人提供服务，更好地满足人们对心理帮助的需要，也可以弥补个别辅导的一些不足。

　　电影从男主角的儿子被拐卖开始，上演了一部曲折离奇、感人肺腑，直教人掉眼泪的寻子故事。男主角自从丢了儿子以后便把所有的时间精力金钱都投入到寻找孩子当中，妻子更是久郁成疾，渐渐的夫妻关系也受到严重的影响，妻子偷偷去看心理医生。男主角发现妻子的异常，于是带她去了一个神秘的地方，在那里，很多人围成一个圈，每个人都有自己的故事，夫妻两人终于在这么一个特定的环境和团体里分享了他们的故事，并宣泄出来多年积压在心里的悲伤、思念、绝望、愤怒、各种压力……在这里他们尽情地诉说、流泪，在这里他们得到了宣泄、支持、温暖，学会了分享、表达、取暖……在团队的支撑下，多年以后他们终于有了孩子的下落。这部电影名为《亲爱的》，由陈可辛导演，赵薇、黄渤、佟大为等主演。赵薇更是凭借此剧首获金像奖。

电影中呈现的是团体心理辅导 / 治疗的场景之一。国际大片里会出现类似团体心理辅导 / 治疗的场景更多，例如《搏击俱乐部》等。

在团体心理辅导 / 治疗中人与人之间会产生奇妙的化学反应，每个人在不知不觉里就会产生微妙的变化。许多人群都可以参加团体心理辅导，如：各类情感障碍（如：抑郁症）、神经症（如：焦虑症、强迫症、恐惧症、躯体形式障碍等）；睡眠障碍、人际交往问题、学习问题、进食问题、家庭问题；精神分裂症等重性精神障碍康复期问题；渴望探索自我、希望自我成长等人员等都可以参加团体心理辅导 / 治疗。

"应对"的主要方式和培养相关能力的方式有哪些？

"应对"是个体处理应激情境的种种认知和行为努力。拉扎勒斯（Lazarus）将"应对"定义为当一个人判断与环境的交互作用可能会为自己带来负担、甚至超出自己拥有的资源时，为处理（减低、最小化或忍耐）这种交互作用的内、外需求而采取的认知和行为上的努力。拉扎勒斯等认为应对有三种方式：第一种是主动的认知应对，指个体希望以一种自信而有能力控制应激的乐观态度来评价应激事件，以便在心理上能采取更有效的方式应对应激。第二种是主动的行为应对，指个体采取明显的行为，希望以行动来解决问题。第三种是回避应对，指个体企图通过回避的方式（如过度进食、酗酒、吸烟）来缓解与应激有关的紧张情绪。对学生进行应对能力培养时应注意采用积极的应对方式化解危机给自己带来的消极影响，也可以适当采用否认、回避、逃避等方式暂时缓解情绪，为自我调整赢得时间。下面是一些应对学习压力的方式方法：

①认识自己，了解自己的长处与短处。②知足常乐，保持良好的心态。③积极交往，营造良好的人际关系。④勇对挫折，树立战胜困难的信心。⑤适应环境，确立适当的努力目标。⑥调节情绪，做自己情绪的主人。

应对方式是个体在面对挫折和压力时所采用的认知和行为方式，是心理应激过程中一种重要的中介调节因素，个体的应对方式影响着应激反应的性质与强度，并进而调节着应激与应激结果之间的关系。

山脚下住着一群快乐的兔子，它们大多是灰褐色的。只有聪聪不一样，它比别的兔子白多啦！聪聪想："我那么白，也许我不是一只兔子吧？" 聪聪不再和灰兔朋友们一起玩了。它有点孤独，也很无聊。

这天，一只老白狐狸经过山脚。聪聪高兴地喊住它："嗨，你可以和我一起玩吗？你看我也挺白的呢！"老白狐狸说："好吧，跟我来！"狐狸的家到了，一看见聪聪，小白狐狸们的眼睛全亮了。"太好了"，小白狐狸们想，"我们已经好久没吃到兔子肉了。"可是聪聪却在傻乎乎地想："太好了，也许我就是只小狐狸。"小白狐狸们开始看起了兔子食谱。"不好！赶快逃命吧！"聪聪总算逃出了狐狸的家。"看来我不是一只小狐狸。"它想。

孤独无聊的日子又开始了。"这样可不行！"聪聪想出门旅行去。"北极，好白啊！我也许属于那儿，我也许是只小北极熊？"聪聪决定去北极。嗯，要准备的东西还真多。聪聪终于登上了去北极的飞机。

"小北极熊聪聪来啦！"聪聪对着白皑皑的冰雪大声宣告。

"欢迎来到北极，小兔子！"北极熊亲切地说。"不，我的颜色是白的，我是小北极熊。"聪聪说。"北极熊不怕冷，北极熊会下水抓鱼。"北极熊告诉聪聪。聪聪想：是哦，我怕冷，也不会下水抓鱼，可是真想和它们一起玩儿啊。北极熊接着对聪聪说："你不是北极熊，你是一只有点白的小兔子。不过，你能到北极来，真不简单耶！"

玩了几天，聪聪有点想念山脚下的草丛，想念兔子朋友们了。它决定回家去。

啊，回到家乡的感觉真好！和兔子朋友们一起玩真开心！

聪聪现在对自己有正确的认识了：自己是一只有点白的小兔子。

聪聪还是常常会想起北极和它的北极熊朋友，它给它们写信，说自己生活得很快乐。当然，它还是有点白。

让高危学生寻求社会支持时的"应知"有哪些？

社会支持可以有效地减轻或降低个体的应激强度，使应激变得比较容易忍受。社会支持来源于三方面：情感支持：就是让高危学生感到有人关心和爱护他们；信息支持：是指由他人提供有助于解决问题的事实和建议；手段支持：是指提供物质和行动上的帮助来消减紧张和压力。心理老师要让学生知道可以向社会寻求支持，以及在寻求社会支持时应知道的知识：

一是有求助的意识是正常的。大多数学生（特别是高中生），为了体现自己的成人感，不善于或不愿意求助于他人，这不利于危机的解决。面对危机不要羞于向父母、亲友、老师、同学求助，要懂得当自己感到十分困惑、无能、无奈时，是完全可以、而且是完全应该求助于他人的。

二是要让学生知道，求助，既可寻求物质的、也可寻求精神和信息上的帮助。

三是要让学生知道，求助的对象应该是能提供有效帮助的专业人员（如心理热线电话工作者、心理辅导老师或精神科医生），或者是自己的亲人、自己最要好的朋友。

四是要让学生知道，要拓宽自己的视野，尽量全面了解关于危机的知识、信息，以便把握事态。

五是要让学生领悟，社会支持能够缓解个体心理压力、消除个体心理障碍、避免恶性事件的发生，在促进个体的心理健康方面起着增益性作用。

"检验负性自动思维"是怎么一回事？

当某件事情发生时，或是当我们看到或听到某样事物时，我们的大脑中就会自动出现一些观念、想法，这就是自动思维，而负性自动思维就是往不好的方面去想。一些在特定情境下自动呈现在意识中的想法，常常不经逻辑推理突然出现，对中小学生的情绪影响很大。中小学生的负性自动思维可能有"我的学习太差，同学们什么都比我强""我人际关系不好，大家都不喜欢我""我考试太差了，这辈子再没有什么希望了""我没有前途了，活着也没啥意思"等。

负性自动思维的形成，大都与学生自身经历、教育、环境等因素相关，处于人格结构中的无意识部分，遇到生活事件就会被激发，自动发挥作用，然后对学生的心理和行为产生不利影响。检验负性自动思维就是运用言语盘问或行动检验的方法使学生的负性自动想法站不住脚，然后以正确的想法替代负性自动思维，进而改善情绪。

纠正无意识负性自动思维的方法之一，是用内在自我交谈法来消除无意识思考倾向。例如用这种方法消除亲人骨折造成的负性自动思维：

（1）找出存在于无意识中的负性自动想法，如"由于我那天感冒了，外公想中午来学校接我去看病，结果被助动车撞骨折了，都是我的错"。

（2）寻找积极的内在对话，向消极的自我倾向挑战，指出它是不正确的、不必要的、有害的，提出应对的态度和策略。

（3）分析造成这一切的原因：违章驾驶、交通法规意识薄弱、有法不依执法不严等。同时，这本身是一个偶发事件，与"我"生病没有必然联系，所以外公的骨折不是"我"的原因。

（4）分析造成这一切的后果：这个想法不仅是不必要的　而且是有害的，它使"我"沉溺于自责、悲伤中，既影响身心健康，又使"我"思维固着，不能用有效的办法来防止类似的事故发生。

（5）"我"应该有的正确理念是：外公的骨折让"我"悲伤，更让"我"要和同学们一起遵守和宣传交通法规。

不同的自动思维会让人产生不同的情绪。以一位学生的父亲答应参加学校组织的亲子活动，结果超过了半个多小时还没有到为例子，学生可能会出现以下几种的自动思维：

"爸爸可能出了什么事了！"可能出现的情绪是：担忧、害怕。

"爸爸肯定是忘记昨天应允我的，肯定会准时来学校参加亲子活动的事了。"可能出现的情绪是：生气、委屈。

"爸爸大概遇到了重要事情，耽搁了。"可能出现的情绪是：理解、关心。

"爸爸肯定正在回来的路上，很快就要到了。"可能出现的情绪是：平静、安心。

文化娱乐和体育活动能辅助预防心理危机吗？

文化娱乐和体育活动，在增进身心健康的基础上，能让被压抑的、攻击的能量在活动中得到充分释放，使身心得到及时调节，将危机消灭在萌芽状态。

文化娱乐活动，如听音乐、旅游、看电影戏剧、唱歌跳舞、乐器演奏、摄影、书法、绘画等，可以释放多余精力，抒发情感。可以调节情绪，减轻压力，消除神经紧张，驱散抑郁。可以使人更广泛地融入集体、进行人际交往，更乐观地看待现实学习生活，增强学生的健康心理机能。

体育运动对心理功能的影响也比较显著。研究表明：经常参加体育锻炼者的消极心理变量水平明显低于不参加体育锻炼者。运动会产生多巴胺、血清素和正肾上腺素，这三种神经传导物质都会带来愉快的情绪。此外，散步、慢跑、骑车等中等强度的运动，会使经常锻炼者减轻紧张、焦虑的躯体症状，提高心理应激的能力和对自身价值的认同，对中度抑郁的治疗作用，甚至超过了心理咨询与治疗。

音乐的心理治疗功效也日益为业内人士所重视。音乐是一种与人的语言及其它声音既相似又不相同的特殊信息，音乐可以促进人与内心的沟通，抒发人的情感、调节人的心理情绪，进而维持和促进人们的心理健康。用电子仪器测试正在欣赏音乐的人，可以发现他们大脑和心脏的生物电、肌肉弹性，各项生命指征都会因为乐曲的影响而发生改变。研究表明，旋律流畅优美、节奏明快、情调欢乐的音乐有益于抑郁者；恬静、悦耳、婉转、旋律优美的音乐有益于易被激怒者；旋律清丽高雅、节奏缓慢、情调悠然、风格典雅的音乐有益于焦虑者；节奏少变、旋律缓慢、轻盈优美的乐曲有益于失眠者。

如何控制紧张，调节情绪？

在解决危机的过程中，首先要做的应该是帮助当事人控制紧张和调节情绪。处于危机中的学生往往精神高度紧张，注意范围狭窄，焦虑、恐惧、强迫、自责、抑郁等消极情绪明显。控制紧张和调节情绪，目的就在于帮助当事人通过宣泄释放消极情绪，使高度紧张的精神得以放松，使个体由焦虑、恐惧、自责等带来的痛苦得以减轻，逐渐增强个体对危机痛苦的承受能力，为日后危机的全面解决创造条件。

控制紧张和调节情绪的方法有很多，如：松弛疗法，通过渐进性肌肉松弛法、腹式呼吸法、注意力集中训练法和行为放松训练法等，减轻当事人所体验到的恐惧和焦虑；引导倾诉，引导当事人与他人谈论往事，倾诉情感，宣泄情绪；改变生活习惯，放慢生活节奏，培养良好生活习惯，保证充足的睡眠，积极参加各种体育活动；认知技术，采用理性情绪疗法、贝克认知疗法等技术改变学生的非理性认知，进而改善情绪。此外，还有系统脱敏疗法、暴露疗法、社交能力训练等。

上帝交给麦克一个任务，叫他牵一只蜗牛去散步。可是蜗牛爬得实在太慢了。麦克又是催促又是吓唬又是责备，可蜗牛只是用抱歉的目光看着他，仿佛在说："我已经尽全力了！"

麦克又气又急，对蜗牛又拉又扯又踢，蜗牛受了伤，爬得越发慢了，麦克真想丢下蜗牛不管，但又担心没法向上帝交代，只好耐着性子，让蜗牛慢慢爬，自己则以一种接近静止的速度跟在后面。就在这种状态下，麦克突然闻到了花香，原来这里是个花园。接着，他听见了鸟叫虫鸣，感到微风拂面的舒适。后来，麦克还看到了美丽的夕阳、灿烂的晚霞，以及满天的星斗。麦克这才体会到上帝的巧妙用心："他不是叫我牵蜗牛去散步，而是叫蜗牛牵我去散步呀！"

偶尔和蜗牛一起散散步，你一定会发现许多平时没有注意到的美丽。人生不能一味匆匆赶路，那会使你错过很多东西。

为什么有时仅仅是认知的改变，就可以解决问题？

认知是情感和行为反应的中介。负性认知与情感、行为障碍之间会互相加强，形成恶性循环。所以，引起人们情绪和行为问题产生危机的原因往往不是事件本身，而是人们对事件本身存在重大的认知曲解（涉世未深的中小学生更容易陷入认知曲解泥沼而难以自拔）。危机者的负性认知在危机形成与发展过程中起着至关重要的作用，认知曲解往往是当事人痛苦的真正原因。于是，改变认知，纠正学生的非理性认知，消除无能感、无望感、无价值感，打破负性认知与情感、行为障碍之间的恶性循环，就成了解决危机的关键。一旦认知曲解得到识别和矫正，患者的情绪障碍必将获得迅速改善。

晋朝人乐广与友在家里叙旧饮酒。朋友忽见杯中有一条小蛇在游动，心里直犯嘀咕，但难拂主人盛情，勉强将酒喝下。回家后一直觉得有条小蛇在腹中乱窜，恶心厌食致病。乐广见朋友一段时间没有露面，十分惦念，登门拜访，方知原委。

乐广心中大惑，回府细察，看见墙上挂着一张青漆红纹的雕弓，于是斟了一杯酒，移动几次位置，终于看见那张雕弓的影子投映在酒杯中，随着酒液的晃动，似一条青皮红花的小蛇在游动。

他再把朋友请到家里，让朋友看清楚墙上的弓，再看杯中之酒。朋友恍然大悟，解开心中之疑后，病立刻就好了。

认知曲解一般有哪几种类型？

每个人都是按照自己的习惯方式去认识自己和世界的，每个人的成长经历和生活经验各不相同，每个人的信息获取渠道及信息的多寡是不一样的。这些就造成了信息失真和认知发生曲解的可能。

认知曲解一般有以下几种类型：

非黑即白的绝对性思考类型，此类人持完美主义观念，坚持一种不现实的标准，拒绝任何错误和缺点；以偏概全类型，此类人仅仅根据个别细节，不考虑其它情况，就对整个事件草率地下结论；

过度引申类型，此类人往往过度夸大自己的失误与缺陷的重要性，过度贬抑自己的成绩或优点，一个小小的失误，能引申出整个人生失败的必然性；个人化类型，此类人主动为别人的过失承担责任，将一切不幸、事故或别人生病均归因为自己的过失，引咎自责；选择性消极注视类型，此类人往往选择一个消极的细节，并且总是记住这个细节，而忽略其他方面，以至觉得整个情境都染上了消极的色彩；"应该倾向"类型，此类人常常设定一种标准，然后用"应该"或"必须"等词要求自己和别人，如果行为未达到标准，就会以"不该那样"的字眼责难或怨恨自己与他人。

据说上帝在创造蜈蚣时，没有为它造脚，但让它仍可以爬得和蛇一样快。有一天，蜈蚣看到羚羊、梅花鹿和其他有脚的动物都跑得比它还快，心里很不高兴，于是，它向上帝请求："上帝啊！我希望拥有比其他动物更多的脚。"

上帝答应了蜈蚣的请求，把好多好多脚放在蜈蚣面前，任凭它自行取用。蜈蚣迫不及待地拿起这些脚，一只一只地安装到身体上，直到再也没有地方可安装了，才依依不舍地停止。

它心满意足地看着满身的脚，心中暗暗窃喜："现在我可以像箭一样飞出去了！"

但是，等它开始前行时，才发觉自己完全无法控制这么多的脚。这些脚噼哩啪啦地各走各的，它非得全神贯注，才能使一大堆脚不致互相绊跌而顺利地往前走。这样一来，它走得比以前更慢了。

改变认知的主要途径有哪些？

引起认知改变的途径主要有三种：

信念不能证实。基本做法是在识别危机中的学生的负性自动想法之后，鼓励学生将这种自动想法作为一种尚需检验的预测或假说，然后危机干预者与其一起讨论或设计一种严格的检验方法，以审查这种自动想法的真实性。当负性自动想法通不过检验时，促使学生自我认识到其认知曲解，达到认知改变的目的。

概念重建。概念重建的一种方法是对危机中的学生的行为问题重新定义，取代其原先的观念。另一种方法是"条件重建法"，指出一个似乎是不好的事物，在另一种条件下却是好的、有利的。

领悟。促进领悟的常用方法是解释。遇到危机的学生非常想要了解在他身上发生了什么事情，理由充足的解释具有极大的帮助作用。而且解释的功能有时并不是通过解释的科学性来体现的，而在于学生接受了解释。最好能让危机中的学生自己做出"合理的"解释，发现解决问题的办法。

古代有一个老伯伯，晴天哭，下雨天也哭，很多人叫做哭伯。

有一个老和尚看到他整天哭，就问："老施主，您为何总是不停哭泣？"老伯伯说："我有两个女儿，大女儿卖伞，小女儿卖布鞋，天晴的时候大女儿伞卖不出去，下雨的时候又没人买我小女儿的布鞋，做买卖怎么这么难啊，唉……"老和尚说："老施主，您为什么不把事情反过来想呢？大晴天的时候，小女儿的鞋店门庭若市，下雨的时候街上的人拼命冲进大女儿的伞铺买伞，这样您还会难过吗？"老伯伯一听，很有道理，从此就不哭了。

换一种心情就看见希望。换个角度想，遇事就会做出合理的解释。

危机的解决一般有哪些切入点？

危机解决总有一个相对比较容易的切入点。有的学生危机解决的切入点可能是重塑其家庭关系、重塑人际关系，有的可能是需要宣泄强烈的负性情感、平衡情绪，有的可能是需要危机干预者教给他一些处理问题的技能，有的需要给予强大的社会支持，有的需要给予希望或传递乐观精神，有的则需要改变环境。关键是我们要综合各种要素，及时分析出来。同时要注意，解决危机的切入点会因为危机类型的差异、危机发展阶段的差异、学生的个体差异而各有不同，不能一概而论。另外，有时亦需要将若干个切入点综合使用。

小学生危机干预的内容与方法通常有哪些？

根据埃里克森人格发展阶段理论，伴随着学习新知，发展勤奋感，克服自卑感的主要发展任务，在小学生的心理发展阶段中也存在勤奋对自卑的危机。

面对危机，人们有不同的压力容忍度，以及不同的反应方式。小学生由于年纪小、防卫机制不成熟和缺乏生活经验，所以面对压力的反应特别脆弱。他们常把学习看作生活的全部；把家庭看成唯一依靠的对象，对其他方面的注意往往不够，一旦学习失败就容易陷入危机。在生理上表现出怕黑、畏惧夜晚、做噩梦，在行为上表现出逃避上学、学习不能专心、在家或学校出现攻击行为、同伴交往退缩，在情绪上表现出易怒、黏人、哭诉等现象。

因此，对于小学生的危机干预，首先要关爱他们，让他们能迅速回归原有的生活，恢复正常的学习状态，获得学习成功的体验，满足他们爱的需要、安全的需要。其次，要鼓励他们表达、宣泄自己的焦虑和痛苦。再有，要用他们能理解的语言引导他们，以提高其应对危机的能力。

寓言故事——自卑的小章鱼

有一条小章鱼，它时常因为自己丑陋的身躯而感到自卑和伤心。因此，它总是把自己的身体掩藏在海底礁石的缝隙里，不肯跟随妈妈一起去远游。

它羡慕蟹子和扇贝，因为它们有坚硬的盔甲保护自己；它更羡慕鲨鱼和金枪鱼，因为它们有健壮的骨骼和锐利的武器来战胜对手，所以它们是那么的威猛。因而，它常常独自躲在礁石的缝隙里哭泣。

终于有一天，在妈妈的再三鼓励之下，它才答应跟随妈妈一起去远游。它怯怯地游在妈妈的身边，第一次游这么远，它仿佛感觉身边有好多嘲讽的眼神在注视着自己。

当它们游到一浅滩处时，一件意外的事情发生了，一张巨大的渔网将它和众多鱼类网在里面。任凭它怎么挣扎也无济于事，小章鱼听到了妈妈痛苦的呼喊。

随着起网机"隆隆"的声响，它和其他落网的鱼，被抛撒在船甲板上，跌得晕头转向。

当它清醒过来时，发现身边那些徒劳挣扎的鱼儿们，被打渔人装进鱼筐，送入冷冻舱。它趁打渔人不注意，悄悄地爬到船舷的一处泄水孔边。之后，它的身体竟然神奇般地从那条窄窄的孔道里滑落了下来。当它跃入大海，安全回到妈妈身边的时候，知道了自己是多么的出色。

一个人在一生中最大的过失，就是看不起自己。其实，只要多一些自信和勇气，就会发掘出自己的潜能：原来自己同样出色！

初中生危机干预的内容与方法通常有哪些？

根据埃里克森人格发展阶段理论，伴随着建立自我同一性，发展自我认同，克服角色混乱感的主要发展任务，在初中生的心理发展阶段也存在同一性角色混乱的危机。

初中生自我意识高涨，逆反心理突出，情绪表现具有矛盾性，危机多与同伴关系、自我在团体中的地位密切相关，常出现道德价值问题。其表现往往是，在生理上出现睡眠失调、食欲不振、不明原因的头痛，行为上出现与父母冲突、学校问题（如攻击行为、退缩或失去兴趣）、同伴交往退缩，情绪上出现烦躁、紧绷等心理行为反应特征。

对初中生的危机干预，首先应该调整学校、家庭对学生的期望值。其次要鼓励他们与同学的正常交往，因为深厚的同学情谊既是他们基本的心理需要，也能让他们分享信息、获得心理支持。再次，要对他们进行道德观、价值观和法制教育，让他们具备正确的生活理念，遵守社会道德规范和法律法规。

电影《没头脑和不高兴》是著名的国产动画片。电影讲述了这样两个孩子：一个糊里糊涂，叫"没头脑"，一个逆反心理突出，叫"不高兴"。"没头脑"做起事来丢三落四，总要出些差错。"不高兴"与人相处总是别别扭扭，你要他往东，他偏往西。

大家劝这两个孩子改掉坏脾气，他们都不以为然，为帮他们改正缺点，他俩在电影中暂时被"变"成了大人。"没头脑"当了工程师，"不高兴"做了演员。

"没头脑"设计了一座 999 层高的少年宫大楼，楼造好后，才想起没设计电梯，结果孩子们为了在这个大楼顶层看戏，要带着铺盖和干粮爬一个月的楼梯，这不但害了别人，也害了设计师自己，因为"没头脑"也参加了少年宫开幕式。

开幕式上有一个"武松打虎"的诱人剧目上演。"不高兴"在剧中扮演老虎，当戏演到紧要关头时，"不高兴"的老脾气又来了，本来老虎应该被武松打死，可是他偏不高兴死，反而开始打起武松来，把武松打得东逃西躲，两人从台上一直打到台下。台下的"没头脑"正看得纳闷，"不高兴"却打到了他的身上，于是"没头脑"在前边跑，"不高兴"在后边追，两个人从楼上滚到楼下，跌得腰酸背疼。通过这次教训，两个人决心改正自己的缺点。他们变回了少儿时代。

高中生危机干预的内容与方法通常有哪些？

在高中生的心理发展阶段中，建立自我同一性，发展自我认同，克服角色混乱感的发展任务，与同一性和角色混乱的危机并存。

高中生自我意识高度发展，价值观初步确立，自立自治的需求强烈，危机多与父母的关系、学习、职业选择和对现实的不满相关。其心理行为反应特征会通过生理上的气喘、头痛与紧张、食欲与睡眠失调、月经失调、疑病症，攻击或犯法的行为、反抗父母的控制、注意力不集中，情绪上的烦躁、冷漠、对异性兴趣降低等表现出来。

在危机干预过程中，首先要注意调节他们和父母之间的关系，帮助他们解决学习和职业生涯发展的问题，教育他们正确看待社会现象，与社会和谐相处。其次应注意适当满足其自立自治需求。再有，应注意对他们进行情感教育，特别是关于恋爱方面的指导，帮助他们正确处理与异性的关系。

在危机干预过程中，要调节高中生与父母之间的关系，"感恩"教育是重要的一环：

从前，有两棵大树，一个小男孩每天都喜欢在树下玩耍。他爬树，吃果子，在树荫下休息睡觉……他爱树，也爱和树玩。

时间过得很快，小男孩长大了，他不再每天都来大树下面玩耍了。

一天，男孩来到树下，注视着树。

"来和我们玩吧！"大树说。"我不再是孩子了，我有好多朋友。"男孩回答道，"我，我需要钱去和朋友们一起玩。""对不起，我们没有钱……但是，你可以把我们身上的果实摘下来，拿去卖掉，这样你就有钱了。"男孩兴奋地把所有的果子都摘下来，高兴地离开了，他走后很久都没有回来，树很伤心。

一天，男孩回来了，大树很激动。"来和我们玩吧！"大树说。"我没有时间玩，我要去很远的地方读书，我需要行囊、手提电脑、机票，需要……你们能帮助我吗？""对不起，我们没有这些，但是你可以砍下我们的树枝，拿去换这些东西。"男孩把所有的树枝都砍下来，高兴地离开了。

看到男孩高兴，大树非常欣慰。但是，男孩从此很久都没有回来。两棵大树再一次孤寂、伤心起来。

一个炎热的夏日，男孩终于回来了，树很欣喜。"来和我玩吧！"树说。"我长大了，想成家了，你们能给我一幢房子吗？""用我们的树干造你的房子吧，这样你就能快乐地生活啦。"男孩把树干砍了下来，盖了一幢房。此后他很长时间都没有露面。

又过了很多年，男孩终于又回来了。"对不起，孩子，我再也没什么东西可以给你了……"大树说。"我也已经没有力气爬树摘果子了"男孩回答道。"我们也没有树干让你爬了，"树含着泪说"我们真的不能再给你任何东西了，除了我们正在死去的树根。""我现在不再需要什么，只想找个地方休息休息。过了这么多年，我累了。"男孩回答道。"太好了！老树根正是休息时最好的倚靠，来吧，来坐在我们身边，休息一下吧。"男孩在老树旁坐了下来，树很高兴，含着泪微笑着……

学习危机人人都会经历吗？

学习危机是学生发展受到阻碍的一种危机状态，是由学习原因而导致的严重的情绪或行为问题。学习危机也是一种成长性危机，成长是正常人的人生必经路程，所谓"成长性危机"，是指个人从某一发展阶段转入一个新的发展阶段时，不能很好地适应新角色的需要，已有的资源和技能不足以解决新的问题，由此产生暂时的行为混乱和情绪困扰。

　　学生在学习过程中，总是在不断地进入新的、更高一级的阶段，总是在面临各种新的挑战、新的压力，不可避免地会在某个环节、某个阶段遭遇挫折。因此大多数学生在成长中都可能经历学习危机，不同之处在于危机程度的差异及表现形式的不一。

学习危机的特点有哪些?

　　学习危机具有广泛性、隐蔽性、持续性的特点。

　　广泛性。由于学习中的竞争是客观存在的，由于最终的升学考是选拔性考试，所以无论是成绩优良的学生还是学习成绩差的学生，都承受着程度不一的压力，在某种情境下都有可能出现学习危机。

　　隐蔽性。相对其它危机而言，学习危机有一定的隐蔽性。有时尽管可能已对学生造成了较大的消极影响，但学生本人却并没有明显意识到，周围人也往往不会察觉。

　　持续性。学习危机持续的时间因人因事而异，可长可短，有的持续一两周就消失了。可是如果不认真应对，对学习目标、学习压力不给予正确的认知，其心理上的消极影响将会持续存在，甚至会给整个学习阶段带来不利影响。

哪些学生有可能产生学习危机？

生活中遭遇重大事件，对其学习的不利影响很大，需要个体做出较大的主观努力、进行重大自我调整才能适应这种变动的学生；学习成绩长期优秀，受同学尊重，但对挫折的承受能力比较低的学生；期望值高，学习非常勤奋，但由于自身智力发展水平或学习方法的原因，始终达不到既定学习目标的学生；人际交往能力弱，难以适应不断变化的学习环境，但不善于向老师、父母、同学求助，消极被动、独自应对困难的学生；缺乏良好的学习习惯和学习方法，学习迁移能力差，学习效率低的学生。

埃米在学习科学课本中关于电路的一章。她既没有足够专心地学习也未能消化知识，只是快速地浏览了一遍教材，自信测验会轻而易举通过，就完成了学习。但是，当测验卷要求她回忆部分学习内容时（如一个保持性质的测验），她只能回忆出很少几个关键性的术语和事实。而且，她也不能够按照要求使用课本中的信息去解决问题（如一个迁移性测验的一部分）。这是一种最糟糕的学习情形，埃米既未掌握也不能够运用相关的知识。埃米的学习结果在本质上可以被称为零学习。

贝姬也在学习关于电路的相同章节。她认真听课和阅读教材，记住了关键性的内容。当要求她回忆教材时，她几乎能够复述所有的重要术语和内容，列举出电路的主要部件。然而，与埃米一样，她也不能够按照要求使用课本中的信息去解决问题，回答不了一个要求她诊断电路问题的测验提问。这一情形表明，贝姬专心地学习了相关的信息，但她并没有理解这些信息，因而不能够加以运用。她的学习可以被称为机械学习。

卡拉同样学习关于电路的相同章节。她认真地阅读，并努力理解教材。当要求她回忆教材时，她与贝姬一样几乎能够回忆所有的重要术语和事实。此外，当要求她使用课本中的信息解决问题时，她提出了许多可能的解决方案。这一情形表明，卡拉专心地学习了相关的信息，并且理解了这些信息，能够把知识迁移到新的问题和新的学习情境之中。她的学习结果被称为有意义学习。

有意义学习（知识迁移的出现是有意义学习的标志）是学习的正确方法。

处于学习危机中的学生会有哪些表现？

学习不可能没有压力。合适的学习目标、恰当的学习压力有助于激发学生学习的积极性，过高、过重的学习目标及学习压力会带来心理上的负面效应。

家人的不当期望、同学之间的学习竞争、学习上遇到的重大挫折，都有可能将学生置于学习危机中。处于学习危机中的学生常表现出一系列心理和行为问题：在情绪方面，可能会出现诸如烦恼、紧张、恐惧、焦虑、抑郁、强迫等现象。在行为方面，可能会有行为退缩、易激惹、多余动作增加、厌学、逃学，甚至自伤自杀等情况发生。在认知方面，产生思维减慢、归因错误、产生非理性思维等状况。在生理方面，容易发生心悸、手足冒汗、脸色苍白、晕厥等植物性神经功能紊乱症状。

植物神经紊乱是一种内脏功能失调的综合症。包括循环系统功能、消化系统功能或性功能失调的症状，多由心理社会因素诱发人体部分生理功能暂时性失调，神经内分泌功能出现相关改变而组织结构上并无相应病理改变的综合症。因不受人意志支配，故称自主神经，也称植物神经。人体在正常情况下，功能相反的交感和副交感神经处于相互平衡制约中，在这两个神经系统中，当一方起正作用时，另一方则起负作用，很好的平衡协调和控制身体的生理活动，这便是植物神经的功能；如果植物神经系统的平衡被打破，那么便会出现各种各样的功能障碍。

童幼年时期，由于儿童身体和精神的发育并未成熟，所以缺乏自我控制情感和行为的能力，同时因为其保持着幼稚的情感、行为和原始反射，所以对外界环境的适应能力较差，再加上现代社会各方面对孩子的压力增大，所以孩子们会因各种心理因素的影响而出现情感和行为方面的障碍。进入青春期的青少年由于内分泌系统特别是性腺不断的发育成熟，会出现植物神经系统的不稳定性，表现有异常的情绪波动，对外界应激因素的影响极为敏感。

学习危机所带来的危害有哪些?

中小学生在成长过程中，最主要的活动就是在学校的学习。

在一个复杂、多元、发展与变化十分快速的社会里，由家庭、社会、学校教育以及学生自身因素引发的学生学习问题越来越多。学习危机如不能顺利解决，可能会出现对学习产生非理性的认知，导致学习态度改变，学习兴趣、学习动机下降等现象，使学生难以习得进入社会必备的知识和技能，而且可能严重影响学生的心理健康，产生各种情绪和行为问题。学习危机的消极影响作为一种亚健康状态甚至会持续终生，并在生活或工作环境发生重大变化时击穿临界点，导致成年后出现就业、生活、社会适应等方面的问题。

当然，如能顺利解决，则可以提高学生应对挫折和处理危机的能力，为未来的发展储备必要的能量。

"心理问题躯体化"是怎么一回事？

头痛、恶心、腹泻、胃疼、心跳过速等症状，有时并不是生理上的疾病，所谓的症状会伴随着上学而出现，随着家长同意其不去上学会不治而愈。根源到底是什么呢？而且这种情况往往出现在自我要求很高、上进心很强，很在意父母的意见，不想让父母担心自己成绩的学生身上。这种情况从医学上讲，就是心理上的问题表现在躯体上，被称为"心理问题躯体化"。

从心理学角度讲，人都有意识和潜意识。现代社会中，紧张的生活节奏让很多父母忙于工作，只是片面地严格要求孩子，而有"心理问题躯体化"

的学生自尊心很强，知道自己如果学习不好、作业完成不好、考试不好，或者在学校被老师批评、被同学讥笑了，她的父母是不会高兴的。所以每天上学都会担心，尽量小心翼翼不出差错，进而导致害怕上学。当潜意识压倒意识时，心里想的就会表现到躯体上，加之中小学生的控制力弱，就很容易表现出这种趋利避害的本能，孩子的身体会自动"选择"这种"胃疼""腹泻"的方式来躲避处罚。

正确的学习认知能避免学习危机吗？

学习认知是个体对学习的价值意义，学习方法，学习结果的认识和评价。学习危机与学生的非理性认知相关，是学生在非理性的信念（认知）基础上对学习活动的反应引起的。在现实生活中我们不难发现，对同一件事情，不同的学生有不同的理解和感受，甚至完全对立。对学习结果的不同看法也会极大影响学生的情绪，进而影响其行为：对学习的价值和意义持积极的观念，自然会有积极的学习行为；消极地看待学习的价值和意义，则很难有积极的学习行为。

正确的学习认知就是要全面客观地认识学习的价值、意义，客观地看待学习的成功与失败，明确自己的长处与不足，找到努力学习的目标和方法。形成正确的学习认知可以在很大程度上避免学习危机。

耶，63分！小勇长长地舒了一口气，经过半年多的努力，这门对他来说最难的学科终于及格了！

另一个座位上的小强，手捧着刚刚发下来的考卷，目瞪口呆地盯着分数，脑子里一片空白，嘴里喃喃道"怎么可能，才81分，我好像没做错题目呀……"

有效的学习策略能避免学习危机吗？

学习策略，是为了达到一定的学习目标，在学习活动中有意识制订的关于学习过程的计策方略。通常的学习策略包括基本学习策略、支持性学习策略和自我监控学习策略三类。

基本学习策略要求学习者对学习的对象具有复述、记忆、归类组织、有效提取信息、精细加工，以及研究性学习等方面的能力。

支持性学习策略要求学习者掌握制订学习计划、预习与复习、做笔记摘要、写评注，以及学习时间的分配等一些具体的学习方法。另外，还要自我构建有利的学习环境。

自我监控学习策略要求学习者具备对自己采用的基本学习策略或支持性学习策略进行监控、评价和调节的能力。

研究表明，学习策略是一种内隐性的学习技能，直接影响着学习动机和学习的结果。学习策略的掌握，主要靠学生自己的实践、体验和反思，让学习由外部控制转化为自我控制，形成对自己有效的学习策略。但老师循循善诱的引导也很重要。有效的学习策略可以在很大程度上避免学习危机。

如何巧用自我心理调控技术？

倾诉。在感觉到烦恼时找人倾诉，把郁积的不良情绪宣泄出来。一般而言，倾诉的对象（同学、朋友、老师、家长等）可以因倾诉的内容而异，但最好是学校的心理老师，因为他们在倾听的同时，能为你提供专业的心理学上的帮助。

静坐。每天花十几分钟，澄清思虑、不受干扰地闭目静心安坐，能凝神聚念，是缓解心绪焦虑烦躁的有效方法。有心理学家认为，平静的心态，是与注意力分散斗争的唯一方法。

音乐放松。轻柔流畅的乐曲旋律，会给人带来一种愉快、宁静的感觉，引导人在充满舒适感的环境中，身心逐渐放松，达到缓解学习紧张的目的。

腹式呼吸。有意识地用腹部"吸气"，深吸后，慢慢地吐气，在改善用脑过度（缺氧）的同时，想象自己的紧张感、疲惫感都从身体内部跑出去了。

渐进性肌肉放松。学习压力可能会引起焦虑、恐惧、抑郁、强迫等情绪体验，焦虑是其中的共同要素，行为主义认为，焦虑的消退依赖于与它相对抗或与它交互抑制的反应（如放松）的出现。

调动身体各肌群，对身体多个肌群依次进行放松，先使肌肉紧张，然后再进行放松，反复几次。可以削弱紧张焦虑的强度。

有关"倾诉"的成语：不吐不快——不说出来，就不痛快。倾吐衷肠——完全露出内心的真实思想与心理状态。

倾诉，即把想要说的心里话全部说出来。当一个人吐露心声，把自己心里的烦恼说出来的时候，会很自然地把自身置于现实社会的背景中，进行有意无意的评判与比较，收获自我状况的反馈，获得有效的自我价值感。倾诉的同时，实际上也在释放自己内心的压力。因此，倾诉不失为一种减压的好办法。

家长在预防孩子学习危机方面可以做些什么？

家长应该用语言和行动明白无误地表达对孩子要成为怎样一个人的期望。期望应考虑社会的需要以及孩子的身体、心理发展水平，不能过高，也不能太低。家长的期望和要求是否明确、具体和适当，将对孩子的抱负、孩子的学习内驱动力产生重要影响。

家长要承认个体的差异性和社会的多元性，以及社会对人才需求的多样性。木桶的"短板理论"并不全面。根据子女的需要、兴趣、特长、理想等发展子女不同于他人的个性心理特征以及生涯发展技能，不但有利于孩子的身心健康发展，且更为重要。

家长要注意身教重于言教。家长是孩子的第一任教师，子女对学习的态度最早是在家长潜移默化的影响下形成的。家长自身要热爱学习，要以自己的言行影响子女。

家长应该给孩子提供一个固定、安静的学习场所，家长还应该营造轻松、愉快的家庭氛围。良好的学习物质环境和心理环境是学生有效学习的保障。

木桶"短板理论"说的是：盛水的木桶是由许多块木板箍成的，盛水量由这些木板共同决定。若其中一块木板很短，则盛水量就受这块短板所限。这块短板就成了木桶盛水量的"限制因素"。若要使木桶盛水量增加，只有将短板补长补齐才成。

木桶的"长板理论"认为：木桶可以装水，亦可装固体物品，有时装物的多少就取决于最长的一块板子的长度。在工作与生活中，如果不是一味地去补"短板"，而是把自己所具备的而别人没有的长处发挥到极致，那才是一个人最大的优势和竞争力。

教师在预防学生学习危机方面可以做些什么？

创设良好的学习环境，努力提高教学质量，帮助学生提高学习成绩，减少学习失败所带来的挫折感，享受因学习进步而带来的成就感，是预防学生学习危机的最积极、最有效的方法。

提高课堂教学质量。教师要有渊博的专业知识、较高的职业素养和丰富的教育教学经验。要应用积极心理学的原理，创造良好的教学气氛，充分调动学生的主动性、积极性，充分挖掘学生的潜能。要全面了解学生，不断改进课堂教学形式和方法。让学生享受因学习进步而带来的成就感。

授人以渔。"工欲善其事，必先利其器"，教师要对学生进行有效的学习指导。包括：采用"内驱效应"进行学习目的性的指导、采用"配套效应"进行学习习惯的引导、采用"近期目标效应"进行学习目标的指导，以及采用"备忘录效应"进行学习方法的指导，等等。

遵循心理活动产生和发展的规律。有的教师为了提高学生的学习成绩，上课拖堂，放学给学生布置大量的作业，以求在反反复复的练习中掌握知识。导致学生产生逆反乃至对抗心理，造成教育主客体之间关系紧张。有经验的教师都明白教育要求的适当与适度原则。

正确评价学生。对中小学生的评价要善于发现学生的闪光点，以正面引导，积极鼓励为主，应坚持以发展的眼光、期待的态度来评价学生。一个学生偶尔因某件事灵光闪现，而被老师重视、寄予厚望并频频鼓励时，蕴藏在他身上的聪明才智很有可能会喷涌而出。

中国古代宋国有个农夫，做事情性子很急。

那一年，庄稼种到地里后，农夫每天到田里去看。他觉得禾苗长得太慢了，十天半个月过去了，才长出一点点嫩苗。

又过了半个月，禾苗仍旧只长高了一点儿。农夫嫌地里的禾苗长得太慢，他等不及了，便跑到地里将禾苗一棵一棵地拔高了一截。将所有禾苗拔高后，他疲惫不堪地回到家里，高兴地对家里人说："今天可把我累坏了，我帮助禾苗长高了一大截呢！"

他的儿子听了，感到很纳闷，就赶快跑到地里去看，发现拔高的禾苗全都被太阳晒蔫了，全都枯死了。

如何应对学校适应不良的情况？

学校适应不良是指学生人际关系冲突严重，学习方法、学业水平不能适应学校的教学要求，出现异常情绪体验，一般而言，新升入学校的学生、或刚刚转学的学生容易产生学校适应不良。

导致学校适应不良的原因较多。有学生是因为学习环境出现变化、原有的熟悉的行为方式不足以应对新的学习任务和新的人际关系造成的；有学生是由于思维定势给予了他们特殊的角色定位，家庭、朋友圈、社会要求他们在进入新的学习环境后，也必须在各方面保持原有状况，给他们带来了很大的压力；也有学生自身的问题，如存在个性缺陷、孤独不合群、过分骄傲或自卑、缺乏人际交往技能等，造成学校适应不良。

应对学校适应不良的方法主要有：

学校开展适应性教育，让学生有充足的心理准备。开设专题讲座，介绍学校的部门与环境、课程与教学方法、人际交往的基本知识和技能，介绍面对可能要遇到的问题和困难的应对方法，让学生有充分的心理准备。

学生要主动适应环境，设定恰当的自我发展目标。进入一所新学校或是高一级的学校，学生要以积极的、实事求是的心态去适应环境。同时，根据条件设定切实可行的发展目标。

教学中要注意不同学段学习内容的衔接。温故而知新，有利于学习的循序渐进。欲速则不达，还容易引发学校适应不良的问题。

引导学生运用积极的心理防御机制（弗洛伊德认为，由于存在个人与环境、自我与本我及自我与超我之间的冲突，所以产生了对付冲突的心理防御机制）来度过适应期。

急于求成、恨不能一日千里，往往事与愿违，大多数人知道这个道理，却在实践中总是与之相悖。历史上的很多名人是在犯过此类错误之后才懂得成功的真谛。

宋朝的朱熹是个绝顶聪明之人，很早就开始研究学问，然而到了中年之时才感觉到，速成不是良方，需经过一番苦功方能有所成。他以十六字真言对"欲速则不达"作了精彩的诠释：宁详毋略，宁近毋远，宁下毋高，宁拙毋巧。

什么是"学校恐惧症"？

学校恐惧症是一种以学校为对象的、以过度和持续的恐惧情绪为主要症状的心理障碍。中小学生心理出现学校恐惧的通常表现有：对学校或学习活动有恐惧、害怕、焦虑、抑郁等情绪体验，没有器质性病变；出现尽量回避学校或学习活动的现象；有呼吸频率加快、心悸、面部潮红、手心出汗等植物性神经功能紊乱症状。

引起学生学校恐惧的原因主要有：个别教师的教育教学方法失当，导致学生在学校里基本的心理需求，如安全的需求、爱的需求、获得成功的需求等未能得到满足，学生由焦虑紧张进而泛化到学校恐惧；家长本身过于敏感和焦虑也会潜移默化影响到孩子。如有的家长过分溺爱和保护孩子，使孩子缺乏正常的人际交往能力和独立解决问题的能力；学生认知方面的原因。个别学生将注意力过多分配至压力事件，如考试、同学间冲突、教师批评等。经常的失败经验不断强化了他们的恐惧情绪体验，而回避行为能缓解焦虑、恐惧，于是习得了相应的行为方式。

小青蛙从小蝌蚪渐渐一点点蜕变长大，慢慢到了学习跳跃捕捉昆虫的时候，小青蛙高兴地对妈妈说："妈妈，妈妈，请您教我学习跳跃捕食的本领吧！"

青蛙妈妈说："不行、不行、这里居住的地方太高了，你从这里跳起来，不当心落到下面去的话，会受伤的，等我们搬到低一点的地方你再学习跳跃捕食。" 小青蛙等啊等，终于等到了搬家，新家一点也不高。

小青蛙对妈妈说："妈妈，妈妈，请您教我跳跃捕食的本领吧！"青蛙妈妈摇了摇头说："不行、不行、我们刚搬来这里，还不熟悉环境，万一你受伤了可怎么办。"

小青蛙很快就熟悉了这里的环境："妈妈，妈妈，请您教我跳跃捕食的本领吧！"青蛙妈妈说："不行、不行、你看这里的石头这么多，万一你受伤了怎么办。" 就这样，小青蛙慢慢长大了，可它依然不会跳跃捕食，只有等待昆虫飞到嘴边才能吃到。

看着发育不良、身体羸弱的小青蛙，渐渐老去的青蛙妈妈后悔了，"唉，都是我过分溺爱的结果！"

如何进行"学校恐惧症"的预防和干预？

学校应该尽量满足学生在学校获得有关"安全""被关爱""获得成功"方面的基本心理需求；面向家长举办有关教育学、心理学方面的讲座，解除家长对学校教育、学校活动的过度敏感和焦虑；对出现学校恐惧症的学生可采取支持性心理疗法、系统脱敏法、认知疗法等心理干预措施。建立一个理解、支持、温暖的心理氛围，帮助学生逐步消除焦虑和恐惧，以理性信念替代非理性信念。

登上海拔 8611 米的世界第二高峰乔戈里峰，是大多数无氧登山运动者的梦想。蒙克夫·基德作为不用氧气登顶的第一人，在回答记者问时，讲出了成功的秘诀：最关键的就是清除脑海中一切杂念，免得在杂念中迷失自我，只要记住目标在前面就可以了。

什么是"学业失败危机"？

学业失败通常指两种情况：一是学习成绩低下，明显达不到最基本的教学要求；二是学习成绩明显低于其能力可以达到的水平。近年来，我国学生因学业失败而出现心理障碍的人数不断增加，应对和预防学业失败所导致的心理危机已成为学校不得不面对的问题。

导致学生学习困难，出现学业失败的原因主要有：学生智力因素或学生的学习观念、学习策略存在问题；家庭的学习环境或家长的教育理念不合适；学校教育理念或教师教学方法不科学；亲子间、师生间、同学间不良人际关系的影响。

画家与人诉说："我画一幅画用一天的时间，卖掉它却要用上一整年！"一位犹太商人接过话茬："您不妨倒过来试试。花一年的工夫画画，那样不但一天就能卖掉，还能卖上大价钱。"画家说："一年画一幅，多慢啊！"犹太商人教诲道："一份努力一份成功，创作没有捷径！"

画家接受了犹太商人的忠告，最后如愿以偿。当付出与收获不理想时，我们可以想想犹太商人的忠告"倒过来试试"。

它给我们的启示是：勿太急功近利。勿自暴自弃，眼光放长远，厚积才能薄发。学习也要循序渐进，切不可揠苗助长。

如何进行"学业失败危机"的干预？

客观分析学生学业失败的原因，进行合理的归因解读，防止以偏概全，使学生重拾信心。在此基础上，指导学生正确评价自己的基础与能力，确立可行的学习目标。

面对学生自责、自卑、内疚、愤怒等情绪体验深刻的状况，提供心理支持和关怀。一味地批评训斥，只会让学生产生更大的心理负担，导致再次失败。要给学生贴上一枚好的"标签"，激励他们不断上进，既能帮助他们达成学习目标，又保护其自尊。

学业失败的很大一部分原因在于不良的学习习惯和不当的学习方法。教师要正确疏导，因人制宜地设计方案，引导学生改进学习方法，逐步养成良好的学习习惯，提高学习效率。

心理干预。学业失败的心理干预可以采用行为主义技术（如放松技术）改善学生的情绪紧张、焦虑状况，避免恶性循环。也可以使用认知心理学技术帮助学生正确认识自己，改变学生的非理性认知，进而改善学业状况。

韩国的一位相国，微服出访，路过一片农田，坐下来休息。瞧见一位农夫驾着两头牛正在耕地，他大声地问农夫："你这两头牛，那一头更棒？"农夫看着他，一言不发。等耕到地头，牛到一旁吃草，农夫附在相国的耳边，轻轻地说："告诉你吧，边上的那头牛更好一些。" 相国很奇怪，问："你干吗用这么小的声音说活？"农夫答道："牛虽然是畜牲，但心和人类是一样的。我要是大声地说这头牛不好，那头牛好，它们就能从我的眼神、手势、声音中分辨出我的评论，那头虽然尽了力但不够优秀的牛，心里会难过的……"

一位农夫，对他的牛，尚且倾注了如此淳厚的尊重与爱心，我们的学生，哪怕是顽劣不堪和智质稍差的，也应比牛更敏感和智慧吧。因此，作为教育工作者，理应给予学生更多的爱和尊重。

什么是"学习抑郁症"？

学习抑郁是一种由学习方面的原因引起的心理障碍。学习抑郁往往与生活事件、心理因素有关，比如因学业失败而消极地看待自我和未来发展，产生无能感、无望感，产生悲观失望、无助等偏激的负面情绪。

延续时间：抑郁发作的平均延续时间约9个月，大多数在15—18个月后抑郁症状可基本缓解，少数也可在3个月内缓解。

主要表现：心境变得恶劣，易激惹，易疲乏，对前途悲观失望，觉得生活无意义，严重者出现自杀的念头；饮食、睡眠习惯改变，如或茶饭无心或暴饮暴食，失眠、早醒等；缺乏学习动机，学习注意力不集中，记忆力下降，学习效率低；社交退缩，同学或师生间人际关系紧张，孤单。对原本喜欢的活动也丧失兴趣；躯体感到不适，如头痛、肩酸、便秘等，但无器质性病变。

认定标准：持续两周以上心境低落，并伴有焦虑、躯体不适和睡眠障碍等症状，严重时有明显的精神运动激越或抑制症状，甚至自残、自杀行为。

如何进行"学习抑郁症"的干预？

学习抑郁症与学习的失败感有很大关系。学生患了学习抑郁症之后，抑郁障碍又会在很大程度上拖累学习、影响学习成绩。这是一个恶性循环，要打破学习抑郁症与学习成绩的不良互动，唯有进行积极的心理干预或治疗。学习抑郁的干预应以心理辅导为主，针对学生的非理性认知——无能感、无望感展开。干预以认知——行为疗法为主，人际关系的心理疗法次之。要帮助学生识别负性自动想法、识别功能性失调假设，同时，辅助以学科知识指导。

对情况严重者，要转介到相关医院进行治疗。

学生为社会中的一个特殊群体，主要任务是学习知识，群体不会因个体的暂时停顿而停下或放慢前行的节奏；完成心理干预或治疗的学生所回去的班级集体，已不是原来意义上的班级集体了。因此，一方面在学习抑郁的心理干预或治疗过程中要辅助以学科指导，让学生尽量减少学业耽误，跟上班级同学的学习节奏；另方面，不排除进行好心理疏导，建议休学，进入下一届同学的学习。

心理慰藉。在学生停课或休学接受心理干预或治疗期间，要告知父母给予更多的关心和照顾，给他们以更多的温暖，尽量创设一个康复的良好环境。如有明显的自杀观念，则应当住院治疗。

16 岁的安妮，是位认真的、自我要求很高的学生，她在班级中学习成绩很好，老师也欢喜她。然而，安妮并没有因此而高兴，相反在最近一个多月来渐渐觉得对任何事都打不起精神，有时还会莫名其妙地悲伤哭泣。

每天晚上睡觉时，她总是难以入眠，即使睡着了，也是断断续续的，时不时地醒来，特别是每到清晨三、四点钟，就再难睡着了。她整个人都变了，上课集中不起精神，平时不再像过去那样活泼开朗，总觉得头昏脑胀、胸闷心慌、疲乏无力，以前非常喜欢的兴趣活动社团也没心情参加，整天闷闷不乐，胃口不好，体重明显下降。随着时间的推移，低落的情绪在她的身心各处悄悄地蔓延，她有时会冒出一死了之的念头。后来，老师判断安妮可能是患了抑郁症，建议家长带她去精神科门诊求治，并组织了同学们和安妮的亲友一起支持和鼓励她。终于，渐渐地安妮脸上又绽开了昔日的美丽笑容。

有学者研究表明，自杀身亡的苏联的法捷耶夫、日本的川端康成、美国的海明威、台湾女作家三毛等著名小说家，生前都患有抑郁症。

什么是中小学生的道德危机？

道德是由社会舆论力量和人们内心驱使支持的行为规范的总和。道德危机是中小学生社会化过程中的一种危机，表现为不能形成适应现代社会的道德价值观，以不符合现代社会道德规范的行为给自己或他人造成身心危害，也阻碍自身的身心健康发展。

中小学生道德感的发展，为小学到初二发展最快，初三到高中发展趋势不明显，但成熟度提高很快。在性别特征方面表现为女生发展水平优于男生。道德行为的表现与道德评价能力相关：小学生主要从动机和效果方面进行评价。初中生主要从社会道德原则来评价，但不稳定，有时会肯定一切或否定一切。高中生则以自身的责任感及利害关系为前提，主要从社会行为规范和社会道德原则来评价。相对而言，高中生在道德评价中发生的道德价值偏离或扭曲状况多于小学生和初中生，道德价值危机发生率高一些。

中小学生道德危机的特征有哪些？

道德认识模糊或错误是学生道德危机出现的前提，贫乏或错误的道德情感体验促使危机的形成，导致不良道德行为的出现。但由于中小学生世界观、人生观、价值观尚未定型，可塑性较大，所初步形成的道德认识在家庭、学校、社会环境的共同作用下容易受到积极或消极因素的影响而发生改变，所以成长中的中小学生表现出的道德危机往往具有多样性（弥散性）、间歇性（反复性）、盲目性（模仿性）等特征。

多样性（弥散性）指中小学生表现出的道德危机复杂多样，可能是道德认识、道德情感、道德意志、道德行为某一方面的危机，也可能是某几方面的综合性危机，聚焦点并不清晰；间歇性（反复性）指中小学生表现出的道德危机受其"三观"的不成熟、不稳定性影响，危机出现往往具有反复性；盲目性（模仿性）指在中小学生道德危机的背后，反映出其新奇感强、情绪情感体验易受暗示、鉴辨能力差、喜欢模仿的年龄特征。

一只小麻雀，偶然从一个羊栏上空飞过，恰遇一只巨大强健的苍鹰从天上俯冲而下，以猝不及防之势，突然冲进羊群中，猛然抓起一只初生的羊羔，旋即扇着有力的翅膀，从容地飞向悬崖上的巢穴。

帅呆了！这突如其来的一幕，既惊心动魄，又令人感到无比新奇刺激，小麻雀从内心里对苍鹰产生了膜拜的心情，"实在是太了不起了"它自忖道，"从今天起，我就是苍鹰的铁杆粉丝，我也要向苍鹰一样，它做什么，我就做什么！"

想到这儿，小麻雀展开翅膀，飞到高空，然后向着羊群俯冲下去，一下子撞到一只硕大的绵羊身上。它扑楞着站了起来，还没在绵羊身上站稳，便用小小的雀爪，使劲地抓住绵羊身上那厚厚的绒毛，扇着翅膀，要把绵羊抓到天上去！

可是事与愿违，小小的麻雀岂能抓起偌大的绵羊！不仅如此，由于这只大绵羊身上沾了一些泥浆，把羊毛弄得脏兮兮、乱糟糟的，小麻雀双爪被羊毛给缠住了，它越用力挣扎，双爪就被缠得更紧，使它难以脱身……

中小学生道德危机产生的原因有哪些?

中小学生道德危机产生的原因很多。主要是学校、书本上的道德理想教育与社会现实间存在很大反差给学生带来的困惑,以及自身道德认知偏差导致的错误行为所致。

自小接受的道德理想教育与媒体爆料的贪腐、假冒伪劣、唯利是图形成巨大的反差。"对人要礼貌、要相信别人、要友爱和帮助他人"的传统教育,与时下"不要与陌生人讲话、当心骗子、当心'碰瓷'"的教育并存,等等,给学生带来了很大的困惑。

改革开放后,多元价值观并存,社会主义市场经济条件下的法律、道德、经济、文化等正确观念尚未全面建立起来,各种观念对思想不够成熟的中小学生产生着潜移默化的影响,侵蚀着他们尚不够健全的心灵。

进入青春期的学生成人感迅速发展,心理的发展滞后于生理的发育。处于叛逆期的他们追求独立的愿望十分迫切,片面追求个性发展和个体的独立性。但一些不切实际的主张与社会道德规范、各种现行规章制度间出现矛盾与冲突。

家庭教育、学校教育的失范。一些学校表面提倡学生全面发展,评价时唯学科成绩论;一些家长甚至直接给予了孩子与学校、社会德育要求相悖的不良道德示范,削弱了道德教育效果,使学生陷入潜在的道德发展危机。

哪些人可能成为道德危机的高危者？

　　家庭教育严重不当的学生。根据鲍姆令德"要求和反应性"这两个维度，家长的教养方式被分为权威型、专制型、溺爱型、忽视型四种。在"专制型"教养方式下，对孩子的教育简单粗暴，导致孩子容易形成要么压抑退缩，要么对抗、攻击等不良的性格特征；在"溺爱型"教养方式下，对孩子的不良行为姑息放纵，孩子容易形成任性、以自我为中心，并为所欲为等不良的性格特征；"忽视型"教养方式，对孩子的学习和品德发展放任自流，会使孩子学习注意力转移，甚至导致荒废学业。

　　遭遇重大生活事件的学生。这里的遭遇重大生活事件是指在其日常生活中遭遇的某些突发或紧急事故，如亲人亡故、身患重症、重大交通事故、性侵犯、升学考落榜、失去重要的友谊、父母离异、家庭经济状况恶化，等等。当然也包含地震等在内的突发性公共危机事件。重大生活事件会使学生的情绪发生重大变化，在极度焦虑、紧张、抑郁、愤怒的情绪下，做出违反社会道德规范的行为几率增加。

　　有过重大心理创伤的学生。如果学生早年遭受过重大心理创伤（比如被羞辱、被虐待），潜意识中存在巨大痛苦，甚至潜伏着强烈的攻击意识、自我伤害意识，那么一旦受到外界刺激或不良环境因素的影响，即可能衍生出道德危机。

此外，个性有严重缺陷的学生，也因染有不良品德，容易成为道德危机中的高危者。

森林里有一只小熊，它的父母非常宠爱它，妈妈样样事情护着它，爸爸从来不逼它学习捕猎的本事。

小熊成了森林里最快乐幸福最无忧无虑的孩子，它整天只要扑扑蝴蝶、抓抓蜜蜂、趴在大树下晒晒太阳就行。渴了它就喊妈妈，妈妈就会给它拿来蜂蜜水；饿了它就喊爸爸，爸爸就会给它拿来新鲜的兔子肉。它快乐极了。

眼看着森林里的小朋友们都学会了这样那样的本事，小熊看着它们认真练习的样子，摇着头说："不，我不去，学本领太累了，不如在大树下晒太阳。"爸爸妈妈说："对，我家小熊不爱学就不学，反正有我们呐。"小熊有时常常还欺负一同玩耍的小伙伴。面对一味护犊的、膀大腰圆孔武有力的熊妈妈，大家只能忍声吞气。

日子就这样一天一天一年一年的过去了。终于有一天，小熊的爸爸妈妈都老了，小熊要水喝的时候，妈妈没有力气为它端水了；小熊饿的时候，爸爸没有力气为它去捕猎了。最后连它们也去世了。

小熊哭闹着说："我渴、我饿……"可是再也没有谁给小熊端喝的，更不会有谁给它吃的……最后小熊饿死在大树爷爷的脚下。

小熊死后，它的灵魂飞离身体，无限懊丧地对大树说："原以为我是最幸福的，其实我是最不幸的，请把我的故事告诉那些受父母溺爱，而心生懒惰和不讲理的孩子，让它们因为我的不幸而警醒吧！"说完小熊的灵魂就飞走了。

后来大树把小熊的故事不断讲给森林里的小动物们听，让它们从小就学会自力更生的本事，从小就团结友爱，不要重蹈小熊的覆辙。

大树也把小熊的故事讲给森林里的爸爸妈妈们听，同样也让它们明白一个道理，那就是：不能过分溺爱自己的孩子。

常见的道德危机有哪些方面的表现？

个体的道德是在一定的社会环境中习得的，是个体所具有的价值观念不断内化的产物。道德在个人身上体现出来的心理特征，有道德认识、道德情感、道德意志、道德行为四种心理成分。近年来，由于多种因素的影响，中小学生中少数人的品德发展表现出多种危机，有如下方面的呈现：

道德认识模糊或错误。对思想、政治、道德规范及其社会意义做出错误的理解和认识，对客观事物及他人行为的是非、美丑、善恶做出不准确的评价。

道德情感体验贫乏或错位。在对客观事物和他人及自己行为做出是非、美丑、善恶判断时，道德情感体验错位，产生不正确的内心感受和主观态度。

道德意志薄弱。在道德活动中没有正确的道德活动目标，或为实现一定目的的道德行为而不能坚持道德责任，不能自觉控制自己的道德行为。

道德行为错误。在不正确的道德认识、道德情感、道德意志支配下，对社会、对他人做出错误的行为反应。错误的行为反应有攻击行为、反学校行为、反社会行为三种类型。

攻击行为产生的原因有哪些?

原生家庭给予的影响。原生家庭结构的不健全;家庭教养不良,父母常用粗暴、打骂或冷漠的方式来惩罚子女;父母本身素质低下、道德败坏、行为不端或违法犯罪。这些都会给子女起到不良的示范作用,为日后子女攻击行为的产生植下潜在的"基因"。

儿童时代生活学习环境的影响。学生年纪小的时候,所生活的社区如果充斥着暴力、打群架、斗殴,所就读的学校存在欺凌、侮辱、敲诈勒索等现象,本人曾经受到过欺凌、敲诈等暴力事件。可能会导致长大、强壮、有力量后,以扭曲的心理对其他弱小者的"报复"。

媒体对暴力美化传播的影响。大众传媒的暴力性节目和暴力性游戏也会导致中小学生产生攻击行为。现在电视、电影、碟片、网络等播放的影视片并不分等级,中小学生和成人同观各种影视片。不暗世事的中小学生对影视片中的绿林好汉、教父、黑老大、武侠不加区分地膜拜模仿,在现实生活中照搬与"演出"。

生活条件恶化或受益性诱因的影响。在市场经济社会中,投资失败、创业公司破产是有一定几率的事情,它的发生会导致家庭生活条件急剧下滑,作为子女的中小学生会有切肤的感受。个别学生受到受益性诱因的影响，可能会走上拦路抢劫、欺凌敲诈的歧途。

媒体对暴力的美化传播，对攻击行为的产生有很大影响：

暴力镜头会有渐增的唤醒作用。孩子在观看暴力节目的时候，会比观看非暴力节目时具有更明显的各种生理、心理、情绪反应。在看过暴力节目之后，如果孩子在现实生活中遭遇到类似的心理状况时，就会模仿暴力电视节目中的类似行为出现相应的处理方式。

暴力镜头直接示范攻击行为的形态。在孩童期以及青春期，是孩子模仿能力最强的时期，如果在这个阶段观看暴力影片，他们会下意识地模仿节目中的动作和情节，虽然一开始孩子只是在游戏中模仿，但是随着年龄和胆识的增长，这种模仿可能会渐渐地体现在现实生活中。

暴力镜头扭曲了解决冲突的方法。在电视或其它传播媒体上出现的用暴力行为来解决人与人之间的冲突，会让孩子们就觉得"好人"用暴力行为来制裁"坏人"是正义的，是可称赞的。也会让孩子忽略了其实是可以有其它可行的处理方式的。

一些学生，特别是人高马大、成绩偏低的学生，不加分析、不加辨别地将《李小龙》《精武门》《上海滩》中的功夫高手作为偶像，幻想用拳头来解决所有的问题，来赢得地位与尊重，就是现实中最为直观的呈现。

攻击行为具有哪些特点？

受非理性认知的支配。有攻击行为的学生多数受到非理性认知的驱动，断章取义地理解"敢为天下先"（做同学不敢做的事情）、"枪杆子里面出政权"（拳头里面出地位）、"为朋友需两肋插刀""量小非君子，无毒不丈夫""人不犯我我不犯人"等。

攻击行为呈多样性、稳定性和性别差异性。形式多样：如恶作剧、打人、毁物、破坏、谩骂、恐吓、胁迫、敲诈，或造谣诽谤、恶意中伤等。稳定性：儿童早期的攻击性与青少年时期的攻击行为有很大的连续性。性别差异性：女生也有攻击行为，但男生的攻击行为大约是女生的两倍，男生比女生更容易卷入欺负行为中。

情绪情感反应剧烈。有攻击行为的学生，情绪情感反应通常表现出易激惹、爆发烈度高、历时短暂、导致的后果严重等特点。

对攻击行为的常用干预步骤有哪些？

首先是控制攻击行为。攻击行为发生时，要立即加以控制，要采取有力措施将攻击者与被攻击对象（人或物）隔离。如若事态难以控制的话要迅速报警，由警务部门来采取强力措施。在控制攻击行为时要注意尺度，避免对干预者、攻击者，或被攻击对象造成误伤。对攻击行为的心理干预应在情绪冷静之后再进行。

其次是建立关系。进行主动介入干预与接待来访咨询不同，但仍然需要建立类似于咨访关系的"关系"，良好的关系是取得好的干预效果的基础。在攻击者认识到双方没有利害冲突，心理老师能客观地分析处理问题，对自己负责，感受到心理老师对自己的尊重、理解、同情，才会获得安全感，才会没有顾虑的自我暴露和诉说问题。

最后是采用心理干预方法实施干预。采用言语疏导、行为训练、适度宣泄情绪等手段疏导攻击者的不良情绪。通过改变非理性认知，促进形成新的行为方式。

什么是反社会性人格障碍？

反社会性人格障碍是一种精神疾病的名称。这里的"反社会"，指的是违背社会规范和社会准则、具有社会危害性，不要误解为"反整个社会""反社会制度"。

反社会性人格障碍是一种人格偏离社会化，内心体验与外在行为违背社会常情和社会规范，不能正常地进行社会交往和适应社会生活，具有一定社会危害性的人格障碍。早年开始显露人格偏异，一般在青春期呈现明朗化。

反社会性人格障碍者虽然经常发生违纪行为，但与一般犯罪有区别：犯罪者往往有计划和有预谋地达成犯罪，反社会性人格者大多不是；犯罪者违法目的明显，反社会性人格者多受情感冲动支配；犯罪者为害他人，作案手法隐蔽狡诈，反社会性人格者害人害己，有时对自己的危害更大。

反社会性人格障碍的矫治？

反社会性人格障碍者的特征为：一是行为违背社会常情，与社会规范和社会准则相悖，且习以为常。二是处处以自我为中心，头脑中只有自己而无视他人，从不关心他人痛痒。三是明显缺乏自控能力，行为常常失控，想干什么便干什么，事后毫不后悔，没有内疚感和自责感。四是在人际交往中只能与人维持一种肤浅的、短暂的友谊关系，难以与人保持深刻的人际关系。

矫治方法：引导有反社会性人格障碍倾向的学生认识到，其行为对社会、对他人的危害性，和对自己人格健全的不利，强化这类学生的社会化（在集体中担任一个角色）进程。

强尼是由父母陪伴来心理咨询室的。

强尼的妈妈对咨询师说："强尼本来是个讨人欢喜的孩子，在家排行老二，姐姐比他大一岁半。强尼平时性格虽有些偏犟，但学习不错。因此，我们做父母的也挺放心。前些日子，他姐姐生病住院，我和他爸爸常到医院去陪伴。那天，他放学回家发现家里又没有人，就大发脾气，把桌子推翻，把碗摔破。我们回来后责骂他，他还发脾气，说我们不喜欢他，当初就不该把他生下来。孩子这样胡搅蛮缠，我的心里真不是滋味，自己的孩子怎么会不喜欢呢？我们白天上班，下班往医院跑，真的非常忙碌，心情自然也烦躁。他对姐姐漠不关心，还故意给我们添麻烦，我多次骂他不懂事，他却非说是我不喜欢他。唉！

"上周二，他突然打电话说要去同学家。当时我也没在意。可没想到第三天他请同学带来一封信，内容只有两句话：'您们一直就不喜欢我。我是一个多余的人，我已经服了毒药。'真把我吓死了！我只好央求亲朋好友和我们夫妻两人一起满世界地找他，岂知找到他时，他正在同学家悠闲地看电视呢！而且不愿意和我们回家，说我们找他是多管闲事。

"最近，他越来越离谱了，我真不知道该如何教育和引导他，别人建议我带他来心理咨询中心看看，所以就来了。老师，他到底是怎么一回事呢？"

咨询师说："夫人，对于强尼的所作所为，也许大多数人并不会认为他在心理方面存在问题。这种情况在现实生活中确实少见，它既不同于其他方面的疾病有明显的特征，又未危及个人的生活和学习，只属于人的心理素质问题，但从心理学角度看，它表现出了一种不同于常态的自理和应对别人与环境的方式。按我的判断，强尼是患有轻度的反社会性人格障碍。"

"啊？这是一种什么病呢？"强尼的妈妈惊讶地问道。

咨询师："我和强尼也交谈过了。各种信息整合在一起，基本可以确认强尼是因为感受到家庭的冷落，觉得自己没有公平地分享到父母的爱，长期积蓄在内心的叛逆心理导致了他采取恐吓父母这种极端的做法"。

为什么会出现"反社会行为"？

"反社会行为"指的是违法犯罪行为，以及法律没有明文禁止、但为社会主流文化所否定的价值取向、行为规范和道德认知的行为。有反社会性人格障碍的人可能会有反社会行为，但有反社会行为的人不一定有反社会性人格障碍。

反社会行为出现的主要原因与环境因素密切相关。反社会行为的环境因素既包括家庭环境，也包括社会环境。环境对中小学生的人格发展、行为倾向的塑造起着重要作用。一般来说，生长于良好环境的个体出现反社会行为的可能性较小，而在不良环境中长大的个体，则更容易产生一些反社会行为。

学生反社会行为出现几率较大的家庭环境：教养方式不当、家庭暴力、父母离异或出现重大负面变故；父母给予孩子的关心和照顾较少；拒绝型的父亲和在情感上过于温暖的母亲的家长组合；家庭的社会经济地位水平过低。

学生反社会行为出现几率较大的社会环境：在中小学生成长过程中的不良经历，如挨打、受欺凌、受同伴孤立、受冤枉、遭性侵犯、遇无辜被创伤事件等，都可能导致他们滋生出强烈的反社会行为的倾向；媒体暴力场景、暴力游戏等会会改变大脑额叶的功能，其神经生物层面的脑功能的改变会增加个体的暴力想法和冲动。

此外，遗传学研究发现，父母具有犯罪史的孩子，即便一出生就被他人收养，其犯罪率也会比父母没有犯罪史的孩子高。

某市金融业、跨国公司集中的 CBD 新区，接连发生四起用美工刀片蓄意伤人的恶性事件。锋利的刀片被人隐蔽地预置在人流较多的公共绿化景观处。

市刑警队的案情分析会上大家众说纷纭、莫衷一是，根据现有线索排查，好似大海捞针。此时，公安大学犯罪心理学研究生毕业的许警官发言了：

一、罪犯是男性，十八到二十五岁，文化程度高中。

二、他在 CBD 工作，是一名保安。

三、他的工作业绩不好，过去半年内，工作上遭受严厉处分，他上周六上午不值班。

四、性格较为易怒，少年时应有过违法违规行为，至少被学校严重处分过，年少时曾经遭遇较大变故，如家道中落、父母离异等。属于"反社会型人格"罪犯。

目标人群一下子大大缩小了。刑警们迅疾展开排查布控，不久，犯罪嫌疑人就落入法网。

什么是"反学校行为"？

"反学校行为"是在校学生所表现出的一种反对与挑战学校和教师教育管理权威的行为。

具有反学校行为的学生，在接受学校教育的过程中，有意识地反对与挑战学校的各项规章制度以及教师（或学校领导）的权威。具体表现主要有：

逃课、逃学，故意迟到和早退；打架斗殴、聚众闹事；偷窃同学与学校的财物，毁坏公物；抽烟、酗酒、夜不归宿；携带学校明文禁止的物品进入学校；恶意顶撞、辱骂或捉弄教师。

为什么会出现"反学校行为"？

逆反心理使然。根据弗洛伊德精神分析学说的观点，人的内心世界天生都有逆反心理。学生处于特殊的心理期和生理期，存有更强烈的逆反心理。学校、老师越是不让做的事，就越是想去做，就越是质疑为什么不可以做？

心理超限效应。超限效应是指刺激的强度过大、过强、过于集中，从而引起个体极不耐烦或逆反心理的现象。在中小学教育中，心理超限效应会导致学生负面情绪的积累，造成教育主客体之间关系紧张，使学生产生逆反乃至对抗行为。

人文关怀不够。教师在教育中对学生"动之以情、晓之以理、导之以行"做的不够，缺少对学生、特别是"叛逆"学生的人文关怀和心理疏导。

媒体的负面影响。大众传媒与家庭、学校、同辈群体共同构成对中小学生成长产生影响的重要要素。影视片及其它媒体对于抗争事例的有意或无意推崇，对与攻击性有关的思维有启动效应。对似是而非的斗争性行为的肯定和认同，会引导学生更倾向于在生活中使用对抗手段作为解决问题的方式。

学生渴求赏识。"人性最深层的需求就是渴望别人的欣赏和赞美"。人的心理需要一旦得到满足，便会产生积极向上的原动力，这时许多潜能就容易被激发出来。一些在学校中被边缘化的学生的"反学校行为"，实则是渴求教师的注意、重视和赏识。虽属于假性反学校行为，但具有同样的破坏性。

在古印度，一位徒弟问师父："智慧能让我们成为什么样的人？"

"心怀大众而不结党营私；行动不为一人之事所左右；在生活中随遇而安；不悔过去，不忧未来；顺则进之，逆则退之；志猛如无坚不摧之狂飙，心轻如和风中之鸿毛；静如河中之一浮萍，稳如无声之一磨石；以平等之心爱众生，如天地对人之大公——智慧就是让我们成为这样的人。"

听完师父的话，一位小徒弟逆反地叫了起来："这样的学问不是讲给活人的，是讲给死人听的！"说完，他跑了出去，再也没回来。

干预学生道德危机的主要形式有哪些？

采用认知行为技术进行个体心理干预。在环境刺激或诱发事件和情绪后果之间，介有信念或信念系统。因此要与学生一起分析存在的问题，促使学生认识自己不合理的信念以及这些信念导致的不良情绪后果，以采用合适的方法改变非理性认知。通过修正这些显性存在或潜在的非理性信念，最终获得理性的生活哲学。

家庭心理干预。对于问题学生与家庭中成员交往有问题、家庭对于问题学生忽视或过分焦虑、家庭对个体干预起到了阻碍作用的，要进行家庭心理干预。干预目的是帮助家庭成员找到新的方法来处理好他们的人际关系，以减少对儿童身心产生的不利影响。同时对父母进行有关常识的培训，让他们学习与孩子交流、沟通的技巧，学会用讨论协商的方法教育子女，使子女在家庭里有信任感、安全感和归属感。家庭治疗较个别治疗难掌握，原因之一是家庭由多个个体组成，他们往往顽固地以原有的互动模式呈现他们纷繁复杂的问题。因此，不建议经验不够丰富的心理教师过深地介入家庭心理干预。

团体心理干预。由1—2位心理教师主持，组织6—20人不等的同类型学生，定期在一起讨论问题出现的原因、自己当时的想法、互相评论情绪的是非曲直，制定矫正的方法。在团体治疗中，很多有价值的作用是成员自己创造的，或是大家互动的结果，不能确定谁是提供帮助的人，因为每个人都可能为他人提供帮助，也都会在这个团体中获得帮助。团体心理干预的效能较高，但前提是让学生解除防御心理，愿意畅所欲言。

常用的道德危机干预策略有哪些？

情绪控制训练。让学生学会"冷冻"愤怒情绪，避免冲动下的不理智言行；让学生学会转换环境，离开使自己愤怒的情境，换一个场所去阅读喜欢的书籍或喜爱的体育运动；让学生自己对攻击行为产生厌恶情绪。如，通过心理剧中，扮演者对一般的甚至很轻微的刺激表现出强烈情感反应的"易激惹"表演，让学生自己对这类人物不屑。

社会交往技能训练。存在道德危机的学生往往缺乏社会交往技能，干预者应该设计相应的训练课程，帮助这些学生解决沟通上的困难，逐步学会与小群体中的伙伴、与班级中的同学、与生活学习中的师长亲朋，乃至与陌生人进行正常交往的技能。

改变学生的非理性认知。采用言语盘诘、实践验证等方法，找出那些不恰当的认知，并提供"学习"或训练的机会去改正它们，或者用"新"的认知方式来取代，使得学生的认知更接近现实或实际。随着非理性认知的改变，学生的情绪或行为表现亦会随之好转。

将家庭教育纳入干预策略。家庭教育失误常常是导致学生道德危机的一项主要原因，所以进行多种形式的家庭治疗、教给家长处理问题的方法、整合家校教育资源，让学生感受家庭对他的关心和期盼，这样所取得的效果有时会更佳。

寓言《焚庐灭鼠》：

越西有独居男子，结茨为庐，力耕以为食。久之，菽粟盐酪具，无仰于人。尝患鼠，昼则累累然行，夜则鸣啮至旦。男子积憾之。一旦被酒归，始就枕，鼠百故恼之，目不能暝。男子怒，持火四焚之。鼠死，庐亦毁。次日酒解，怅怅然无所归。龙门子唁之。男子曰："人不可积憾哉！子处怒鼠甚，见鼠不见庐也，不知祸至于此。"［选自《龙门子凝道记》（明）宋濂撰］

焚庐灭鼠的故事提醒人们，遇事一定要冷静分析，想个周全的办法去解决。若凭一时的冲动蛮干，只会得不偿失。

什么是考试心理焦虑？

考试焦虑是考生中常见的一种以担心、紧张或忧虑为特点的复杂而延续的情绪状态，由应试情景引起，对学业起促进或阻碍作用。考试焦虑作为一种情绪反应和唤醒，会引起生理、认知和行为方面的变化。考试焦虑的具体表现是多方面的，适度的焦虑可以提高人的警觉水平，充分调动身心潜能，使知识经验、技能技巧和智力体能达到激活的状态。下面讲的考试心理焦虑表现，主要是从负面作用角度讲的。

认知方面：产生消极的自我评价，担心考试成绩不理想，注意力难以集中，记忆力减退，再认困难，思维混乱，辨认力下降。

生理方面：头晕、头痛、心率加快、呼吸加速、食欲差、肠胃不适，失眠或恶梦夜惊、睡后易醒，多汗尿频。

情绪上表现：焦虑不安的感觉，对考试严重担心、恐惧、强烈紧张和不安。

行为上表现：行为协调性下降，易失控且产生不良行为。考试时甚至出现晕场。

容易出现考试心理焦虑的学生主要有：好强，自我意识强烈，较多关注自己的形象和在别人心目中地位的人；性格内向，不擅长表露自己，有不良自我暗示行为的人；有较强的自卑感，对考试缺乏信心的人。

该如何预防考试心理焦虑的负面影响？

考试焦虑是心理承受能力比较差的一种表现，与学生的心理健康指数相关联，不同的个体，表现出来的程度也是不一样的。可能引发的不良心理反应和行为有——厌学、离家出走、自卑，甚至自杀等过激行为。要尽量预防在先，防患于未然。

复习阶段。要引导容易出现考试焦虑心理的同学通过适量的运动来放松心理状态，给自己制定适当的考试目标，减缓对考试的担心；帮助容易出现考试焦虑心理的同学进行自信训练，对担心和害怕进行一些简单的分析，进行一些脱敏的考试想象训练。

临考之前。教给容易出现考试焦虑心理的同学一些身心放松的小常识：通过呼吸调整，来避免紧张焦虑情绪引起的不良反应；听一些自己喜欢的，舒缓柔和的音乐，在音乐中渐渐放松心情。

查理长久以来都过着繁忙紧张的生活，有时连早餐都来不及吃就赶到公司上班开会，一整天忙得不可开交，经常到深更半夜才得以休息。然而事情好像总也做不完，时间永远不够用。因此，他觉得日子过得很累，心也很累。

一天，他醒早了，四周还很安静。他起身来到花园，看见花木的枝条有些杂乱，就拿起剪刀稍稍修整了一下，然后冲了一杯咖啡，坐下来听着远处鸟儿的啼鸣声，静静地欣赏眼前的一切。这个早晨他过得神清气爽，此后的一整天里他都心情愉快，精力充沛，他发现这种感觉很好。

从此，每天他都会忙里偷闲，到花园里放松一下自己，让自己体验那种心情放松的乐趣。

怎样解决考试心理焦虑的负面影响？

"系统脱敏疗法"。系统脱敏疗法又称交互抑制法，是最早应用的行为治疗技术之一，是利用对抗性条件反射原理，在放松的基础上，循序渐进地使患者的神经过敏性反应逐步减弱，乃至消除的一种行为疗法。系统脱敏法方法为：①列出并排列焦虑等级。让出现考试焦虑心理的同学列出引起个人考试焦虑反应的具体刺激情境，并将各种情境按程度轻重排列，形成"焦虑等级"。②放松训练与想象焦虑情境交替进行。让出现考试焦虑心理的同学舒适平卧，全身放松并进行深呼吸，闭目想象轻松快乐的场景，然后换焦虑情景想象，反复进行，到不再引起肌肉紧张为此。然后上升一个"焦虑等级"重新开始。以此类推，直至最高等级也能迅速放松。这时就可以排除考试焦虑所带来的干扰了。

"合理情绪疗法"。合理情绪疗法亦称"理性情绪疗法"，是帮助出现考试焦虑心理的同学解决因不合理信念产生情绪困扰的一种心理治疗方法。治疗过程一般可分为四个阶段：心理诊断阶段。咨询师与学生建立良好关系，了解学生已有的问题并指出其思维方式、信念的不合理处，帮助他们搞清楚原因并解释不合理原因；领悟阶段。要帮助学生认识他的非理性信念是导致考试焦虑的真正原因；修通阶段。主要是采用辩论的方法动摇学生的非理性信念，最终让理性信念取代非理性信念；再教育阶段，咨询师应培养学生理性思维，调节学生焦虑程度，调整学生的期待水平，帮他们制定可行性目标，最后培养学生养成良好的个性心理品质，提高应对考试的能力。

此外，还可以介绍考试焦虑心理严重的同学到医院接受"生物反馈疗法"。

盛夏酷暑，几只口干舌燥的狐狸来到一片葡萄园。一串串饱含汁水、晶莹剔透的葡萄挂满藤蔓。狐狸们纷纷跃起，无奈葡萄架太高了，使出了浑身解数，葡萄依旧是可望不可及。

狐狸A在葡萄架下转了几圈，找不到可用的梯子，亦无可攀援的地方，于是摇了摇头，说了一句"这葡萄一定很酸"，咽了咽口水，哼着小曲走了。

狐狸 B 一边讥笑狐狸 A 没出息，一边高喊着口号"下定决心，排除万难，吃不到葡萄死不瞑目。"一下又一下，跳个没完，最终劳累过度，死在葡萄架下。

狐狸 C 愤懑地离开了葡萄架，越想越憋气，结果神经失常了。它蓬头垢面，满街游荡，口中念念有词"吃葡萄不吐葡萄皮，不吃葡萄倒吐葡萄皮"……

考试心理危机会导致失眠吗？

失眠的表现为入睡困难、睡梦过多、睡眠浅、易醒、睡眠时间过少等。失眠分为"继发性失眠"和"原发性失眠"。原发性失眠目前还找不到发生原因。继发性失眠一般是由影响中枢神经系统的躯体疾病，焦虑症、抑郁症等心理疾病，以及酒、茶、咖啡或药物的作用造成的。入睡前情绪波动或入睡时思虑过多均可导致失眠，所以偶尔的失眠不属于失眠症。一般至少持续一个月以上、且每周至少出现 3 次或以上的失眠，才能诊断为失眠症。

重大考试往往会伴生长期持续的心理压力与焦虑，少数学生会因重大考试的临近而诱发失眠症。有的上床后翻来覆去睡不着，各种睡姿都无助于入睡，辗转反侧、痛苦烦恼，无奈下只能睁大眼睛等待天亮，但多数人会在后半夜不知不觉睡着。有的表现为很早就醒来，凌晨醒来后再也无法入睡，或是半夜醒来后过很长时间虽能迷糊入睡，但睡眠时间总体上也就三五个小时，甚至更少，白天常常精力不济、精神倦怠。有的多梦，睡眠过程中频繁做梦，一个梦接着一个梦，甚至梦中有梦，醒来后人感到疲惫不堪。这些现象的出现，以及极度关注和担心失眠是否会严重影响健康甚至威胁生命等想法，对人体心理和生理带来许多不利的影响。

考试心理危机之失眠现象如何解决？

在心理老师指导下，帮助学生进行心理放松训练。要正确看待考试，要重新评价自己，多看到自己的优点，对自己说："我能行"，坚决杜绝用消极语言暗示自己。使学生减少压力与焦虑，让心理恢复到平衡的状态。

让学生正确认知睡眠时间的多少是因人而异的，不是非要睡足8小时睡眠时间才算正常。一般地讲，只要睡醒后精力充沛、精神饱满即可。

建议学生多参加一些运动活动，如慢跑、散步等，以缓解紧张的情绪。

建议保持正常睡眠的生物节律，要每晚准时卧床睡眠，早晨准时起床，不要为了突击复习而随便打破习惯的作息时间；不要在床上看书，要把床和睡眠联系起来以形成条件反射。持之以恒，使正常的睡眠觉醒节律获得重建，从而缓解或改善失眠症状。

失眠严重时，在短期内每晚服用1—2片安定药物（遵医嘱）。

在给狗喂食之前，打开电灯，你可以想象，狗是不会流唾液的。可是，在打开灯以后，紧接着给狗喂食，它的唾液就流了出来。于是，俄国科学家巴甫洛夫进行了这样一项实验：

对一条看到电灯光不会流唾液的正常的狗，开始让灯光和食物同时出现，也就是凡是给它喂食时候，就打开电灯。这样重复多次以后，只要灯光一亮，即使没有食物，狗也会流出口水来。狗已经把灯光同食物的出现联系了起来，所以，大脑神经开始对灯光像对食物一样起反应，这就是条件反射。

巴甫洛夫深入细致的研究，证明了条件反射是高级神经活动的基本形式。他创立了条件反射学说，也就是高级神经学说。他的研究，弄清了许多复杂的问题，对生理学和心理学都是巨大的贡献。

考试心理危机会导致自我封闭吗？

自我封闭心理实质上是一种心理防御机制，有时自我封闭心理与人格发展的某些偏差也有因果关系。正常的学生除了睡眠、上课、做作业、吃饭等必要的时间外，平均一天中会有 70% 的时间被用来交流信息与情感。而有封闭心态的学生，则不愿与人沟通，很少与人讲话。他们不是无话可说，而是害怕或讨厌与人交谈。这种自我封闭行为与学习挫折有关，往往是在作业成绩、考试成绩等遭到挫折与打击后，精神上受到压抑，对周围环境逐渐变得敏感，才变得不可接受，出现回避社交的行为。

自我封闭心理具体是否与考试心理危机相关联，主要看自我封闭现象是否发作于考试前复习阶段或考试期间。

考试心理危机之自我封闭现象如何解决？

　　合理利用归因方法。引导学生将成功归因于自己，把失败归结于外部因素，满怀信心地"走自己的路"。

　　提高人际交往与开放自我的认识。让学生知道，正常的人际交往能使自己的学习思维能力和对事物的认识能力逐步提高并得到完善；正常的人际交往能使人的思想观念与时俱进；正常的人际交往能增进人与人的友谊，丰富人的情感，维护人的心理健康。人的发展高度，有时取决于自我开放、自我表现的程度。

　　精神转移法。"考试只是生活与学习的一部分，而不是生活与学习的全部。"在临近考试、可能出现自我封闭心理之际，引导学生拓宽视野、将过分关注考试的精力转移一部分到其它事物上去，以减轻心理压力。

　　对于自我封闭现象严重者，可采用系统脱敏法。

　　莎士比亚曾说过：假使我们将自己比作泥土，那就真要成为被别人践踏的东西了。其实，别人认为你是哪一种人并不重要，重要的是你自己是否肯定自己；别人如何打败你，并不是重点，重点是你是否在别人打败你之前，就先输给了自己。很多人失败，通常是输给自己，而不是输给别人。因为自己如果不做自己的敌人，世界上就没有敌人。

美国著名心理学教授丹尼斯·维特莱也指出：人性的优点就是良好的精神准备。有无良好的精神准备，或是打开成功之门的钥匙，或是封闭成功之门的铁锁。因此，战胜别人首先要战胜自己，因为最强大的敌人不是别人而是自己。

因此，人生最大的挑战就是挑战自我。自己肯定自己，是一种意志的胜利；自己征服自己，是一种灵魂深处的提升；自己控制自己，是一种理智的成功；自己创造自己，是一种心理境界的升华；自己超越自己，是一种人生的成熟。

如果你因不愉快的考试经验而将自己封闭起来，那就应该端正对考试的认识面。

考试心理危机会导致自责吗？

自责心理是十分复杂的心理现象。积极的自责，是学生自我调整机制的一部分，通常表现为因个人的缺点错误而感内疚，并主动谴责自己，这是正常现象。对于适度的自责无需过度担心，它既是一种对他人的道歉，也是一种自我心灵的解脱，可以化矛盾为祥和，也会使人真诚相待。消极的自责常常表现为过度责备自己，甚至对一些并不严重的缺点或失误出现罪恶感，对之念念不忘，悔恨，并要求给予惩罚，致使自己产生沮丧、悔恨、郁闷、绝望等心理，影响身心健康。严重时会导致各种抑郁症和人格障碍。因此消极的自责是不好的。

学生出现过度自责现象，往往是他们在幼年时期便有了自责的倾向，习以为常后，自责便成了他们性格的一个部分。自责的人，有时是在表达自己的负罪感或羞辱感，或者是下意识里保护自己免遭他人的责备：你不能再来责备我了，我自己已经责备过自己了，用的词比你还要严厉呢。

学生考试后，面对成绩不佳，或是承担并放大父母、同学、老师对自己的期望时，往往会出现自责现象。关键是不能过度自责。

一个公安局刑警大队长在他组织的一次抓捕罪犯的活动中，因为罪犯十分凶残狡猾，两位刑警一死一重伤致残。大队长因为自己亲密战友的死伤而十分自责，他不停地说："唉，如果我把抓捕行动布置的再周密一些，行动再谨慎一些，就不会出现这个问题了。是我杀了我的战友，是我害了我的战友，我对不起他们，我是罪人，我是杀人犯。"大队长后来在极度的懊悔中自杀身亡。

分析："如果我把抓捕行动布置的再周密一些，行动再谨慎一些，就不会出现这个问题了"，属于正常自责；"是我杀了我的战友，是我害了我的战友，我对不起他们，我是罪人，我是杀人犯"，属于否定自己和过度自责。

考试心理危机之自责现象如何解决？

在遇到因考试成绩不佳，又错误归因，喋喋不休过度自责的学生时，教师首先要引导学生学会为错误找到正确的、真正的原因。不要习惯性地认为考试成绩不佳，就一定是自己的问题；其次，要让学生容许自己犯错误。世界上"只有两种人不会犯错，一种是没有出生的，一种是已经死亡的"，所以，犯错是必然的，要容许自己把一件事情做得不那么完美。生命是一个过程，今天比昨天进步一点，明天比今天进步一点，那就是成功的；再次，要学生学会把没有达到期望值的情况与自己的价值分开，告诉自己："这次我考得不够好，但我在努力做到最好，只是最后没有达到我的目标而已。"

对于自责现象比较严重的学生，教师可教学生用书面记录的方法来矫正：当责备自己时，将自己所感到的负罪感、耻辱、悲伤、尴尬、对自己失望、生自己的气、挫折感、忧郁、绝望或毫无希望等，用笔和纸记录下来。当同样的或相似的自责想法一遍又一遍地重复出现时，系统地对它们提出质疑，并确立"这些想法只不过是一种看法或一个旧的习惯，而不是真实的自己的反映"的信念，逐步摒弃这些想法。

不过度的自责：

深山中有两座相距不远的寺庙。半山寺的和尚经常吵架，住持无奈之余，来到一派和谐的溪边庙讨教秘方。

"你们是用什么好方法使庙里一直保持和谐愉快的气氛呢？"

小和尚不假思索地回答道："因为我们经常做错事。"

正当半山寺住持感到疑惑不解之时，恰遇一匆匆归来的和尚走进大殿时打了个趔趄。正在拖地的和尚赶紧跑过来，一边扶稳他一边道歉："真对不起，都是我的错，把地拖得太湿，让您差点摔着。"

站在大门口的和尚见状，也跟了过来："不，不，是我的错，没有提醒您大殿里正在拖地，该小心点。"

差点摔跤的和尚没有半句怨言，只是自责："不不，是我的错，都怪我自己太不小心了。"半山寺住持恍然大悟，明白溪边庙和尚和谐相处的奥秘所在。

幽默的"自责"与解嘲：

美国总统里根访问邻国加拿大，在一座城市发表演说的过程中，有一群举行反美示威的人不时打断他的演说，作为主人的加拿大总理皮埃尔·特鲁多对这个场面感到非常尴尬。

面对这种困境，里根反而面带笑容地对他说："这种情况在美国是经常发生的。我想这些人一定是特意从美国来到贵国的，可能他们想使我有一种宾至如归的感觉。"

听到里根的"自责"话语，尴尬的特鲁多禁不住笑了。

考试心理危机会导致消沉吗？

"消沉"是指心灰意冷、沮丧、颓废的消极情绪。消沉虽与委顿相似，但委顿持续时间较短，主要是与躯体过度疲乏有关，通常情况下不属于心理问题。消沉则与躯体疲劳无关，主要由失去信心和希望造成，且持续时间相对较长。消沉通常在以下几种情景中产生：第一种是对自己的能力估计过高，或制定的目标不合理，完全超出自己的能力范围，当力不从心而使期望变成失望时，消沉心理就油然而生；第二种是意志薄弱，遇到挫折就灰心失望，当事不如意时，就变得精神萎靡；再有一种就是受错误人生观、价值观的影响，认为人生不过如此，理想、前途都是无稽之谈，于是把信念、抱负抛在一边，整天浑浑噩噩，颓废度日。

当考试结果始终与学生付出的心血、与学生

的期望值有较大差距时，消沉心理就有可能伴随着失望情绪产生。

值得注意的是，消沉心理的潜在危害是比较大的，不加以注意，任其发展，可能会演变为各种心理疾病，甚至会因厌世而出现自杀意念，自戕身亡。因此，要重视与考试相关联的消沉。

考试心理危机之消沉现象如何矫正？

要有坚定的理想、信念和抱负。学生消沉心理的极致就是"心死"，古人云"哀莫大于心死"，"心死"就不再有理想、信念和抱负，就不再存有人生发展的目标。坚定的理想、信念和抱负是每一个人学习、生活、工作的支柱和奋发向上的动力，教师在任何时候都要帮助学生心中有所寄托。

要不断磨练意志。每一个人，每一位学生的意志力都不是与生俱来的，都是在实践中不断磨练，在千百件小事的锻炼中逐步培养起来的。教师在日常教学中，应当帮助学生制定和执行意志磨练计划，引导学生向获成绩不骄傲，遇挫折而气不馁的境界努力，进而提高学生的挫折承受能力，使学生即使在逆境中也能获得积极成长。

要正确认识自己，制定合理的目标。理想、信念和抱负应该是现实的，目标必须是经过努力和奋斗可以实现的。苏联维果斯基"最近发展区"的教育理念，强调合理的目标可以让学生把潜在的发展水平转化为现有水平，指出学习过程渐进的客观规律。反之，那些好高骛远的理想、信念和抱负，只能诱发消沉心态。因而教师要引导学生正确客观地认识自己，制定切实可行的目标并付诸实践，助力学生建立自信，摆脱消沉的情绪状态。

一只蜘蛛艰难地向墙角那张网爬去，由于墙壁有一处湿滑，它爬到一定的高度，就会掉下来，它一次次地向上爬，一次次地又掉下来……第一个人看到了，他叹了一口气，自言自语："我的一生不正如这只蜘蛛吗？忙忙碌碌而无所得。"于是，他日渐消沉。第二个人看到了，他说："这只蜘蛛真愚蠢，为什么不从旁边干燥的地方绕一下爬上去？我以后可不能像它那样愚蠢。"于是，他受启发变得聪明起来。第三个人看到了，他立刻被蜘蛛坚定不移的意志感动了。于是，他变得内心强大起来。

考试心理危机会导致逃避吗？

逃避是一种心理防御机制，也是一种心理障碍，在心理学上通常被定义为"逃避型人格"或是"回避型人格"。

具有逃避型人格障碍倾向的学生，往往在婴幼儿时代就已经潜伏有相应的人格特征。一般而言，对社会中的负面情感刺激高度敏感的儿童易于患上这种障碍，他们会认为父母对自己缺乏适当的感情。有逃避型人格的人最大特点是行为退缩、心理自卑，面对挑战多采取回避态度或无能力应付。一些有考试心理危机的学生由于考试的成绩不够好，而且无能力改变成绩不佳的现状，于是采取了带有强迫性、盲目性和非理智性等特点的逃避方式，来进行心理防御。有的学生就频频祭出身体不适的法宝，用来逃避考试。

美国《精神障碍的诊断与统计手册》中对逃避型人格的特征定义为：

①很容易因他人的批评或不赞同而受到伤害。②除了至亲之外，没有好朋友或仅有一个。③除非确信受欢迎，一般总是不愿卷入他人事务之中。④行为退缩，对需要人际交往的社会活动或工作总是尽量逃避。⑤心理自卑，在社交场合总是缄默无语，怕惹人笑话，怕回答不出问题。⑥敏感羞涩，害怕在别人面前露出窘态。⑦在做那些普通的但不在自己常规之中的事时，总是夸大潜在的困难、危险或可能的冒险。

只要满足以上的其中四项，即可诊断为逃避型人格

"影子真讨厌！"小猫喵喵和咪咪都这样想，"我们一定要摆脱它。"

然而，无论走到哪里，喵喵和咪咪发现，只要一出现阳光，它们就会看到令它们抓狂的自己的影子。

不过，喵喵和咪咪最后终于都找到了各自的解决办法。喵喵的方法是，永远闭着眼睛。喵喵的办法则是，永远待在其它东西的阴影里。

考试心理危机之逃避现象如何解决？

逃避型人格形成的主要原因是自卑心理。源起幼年时期由于无能而产生的不胜任和痛苦的感觉，也有因生理缺陷或某些心理缺陷（智力、记忆力、性格等）而产生的轻视自己、认为自己不如他人的

心理。作为学生，自卑感产生的直接原因有：

自我认识不足，过低地评估自己。身边同学对自己作了较低的评价，特别是较有权威的人（老师）的评价，会影响学生对自己的认识，从而低估自己。性格较内向的人，更喜欢拿自己的短处与他人的长处比，越比越自卑。

消极的自我暗示抑制了自信心。在实践之前，内心中"我不行的"这种消极的自我暗示，会抑制自信心，增加紧张，产生心理负担，学习效果必然不佳。这种效果又会作为一种消极的反馈，作用到以后的行为，从而造成恶性循环，使自卑感加重。

挫折的影响。有的学生由于神经过程的感受性高而耐受性低，受到轻微的挫折就会变得消极悲观而自卑。此外，生理缺陷、性别、家庭条件、学校等都可能成为自卑心理产生的原因。这种自卑感得不到妥善消除，久而久之就成了人格的一部分，造成行为的退缩和遇事逃避的态度，形成逃避型人格障碍。

对于考试心理危机之逃避型人格的学生，干预手段主要有：

消除自卑感。引导学生从改变认识入手，正确认识自己并提高自我评价；正确认识自卑感的利与弊，提高克服自卑感的自信心；进行积极的自我暗示和自我鼓励，相信有志者事竟成。

克服人际交往障碍。逃避型人格的学生都存在着不同程度的人际交往障碍，可以与学生商定，制定一个按梯级任务递进的交朋友计划，起始的任务要求比较简单容易，以后随时间推移逐级加深难度。

遇到危险时，非洲鸵鸟会把头埋入草堆里，以为自己眼睛看不见就是安全，结果被猛兽逮住吃掉了。事实上鸵鸟的两条腿长而有力，奔跑得很快，遇到危险的时候，其奔跑速度足以摆脱敌人的攻击，如果不是把头埋藏在草堆里坐以待毙的话，是足可以躲避猛兽攻击的。

考试心理危机会导致倦怠吗？

"考试倦怠"是个体成绩未如预期而对学校课业抱持负面态度的一种现象，多指学生个体不能有效地缓解考试压力或妥善地应付考试中遇到的挫折而出现的身心疲惫状态。表象为身体困乏，态度消沉，情绪低落，反应迟钝，对同学态度冷漠和行为的疏离。背后隐藏的是压抑、心理疲劳、消沉等心理问题。随后可能产生与学习有关的逃避行为。考试倦怠出现的因素通常有：

达不到期望目标，主客观原因造成考试成绩与期望值之间始终存在一定的差距；学习目标不清晰，缺乏远大理想，没有树立正确的人生观；压力过大，身心过度疲劳，长期处于压力状态下，身心资源消耗过度、精疲力竭导致心理负担重；挫折过多，归因不当，导致自信心缺乏，自我评价消极；学校考试测验过于频繁，一些教师以考代教，以考代练，使学生疲于应付；考试试卷出题的随意性，导致考试的效度和信度下降，使学生懵然——努力复习或不努力复习，与成绩不呈正相关。

每个学生由考试引起的倦怠程度不一，造成其倦怠的原因也不尽相同。

考试心理危机之倦怠现象如何解决？

舒缓压力，放飞心灵。引导学生用放松法、宣泄法、语言暗示法来舒缓压力和自我解脱。恢复心理平衡是十分必要的。

积极评价，找回自信。引导学生对自己有正确的认识和评价。不要苛责自己，不要因考试成绩不理想而否定自己。要对自己的成败进行正确、客观、准确的归因，从而看到自己努力的意义和前进的方向。

调整学习目标。考试的成功与否在某种意义上取决于目标和自我期望值的大小。如果目标太高，超越了自己的能力，徒增压力，亦容易招致失败的打击。要引导学生拾级而上，通过小目标的不断实现最终获得大的成功体验。

恢复体力和脑力。在发现学生出现与考试相关的身心疲惫状态时，要引导学生进行适度运动和适当的休息。适度运动和适当的休息放松有益于恢复疲劳。

学校要落实生涯发展教育，要合理安排学习、复习、考试，要不断提高考试试卷的效度和信度。

有两个空布袋想站立起来眺望世界，便一同去请教一位读透人生、看破春秋的长者。长者对它们说，要想站起来，有两种方法，一种是得自己肚里有东西，另一种是让别人看上你，用手把你提起来。

于是，一个空布袋选择了第一种方法，勤勤恳恳地往袋里装东西，随着袋里的东西越装越满时，袋子稳稳当当地站了起来。另一个空布袋想，往袋里装东西，多辛苦，还不如等人把自己提起来，于是它舒舒服服地继续躺着，等有人能看上它。它等啊等啊，终于有一个人在它身边停了下来。那人弯了一下腰，用手把空布袋提起来。空布袋兴奋极了，心想，我终于可以轻轻松松地站起来了。结果那人见布袋里什么东西也没有，便一手把它扔了。

"圣人终日行而不离辎重"。《老子》中的这句话，并非简单指旅途之中一定要有所承重，而是要学习大地负重载物的精神。

考试心理危机会导致恐惧吗？

恐惧是人面临危险刺激或预期有害刺激时所产生的一种强烈的情绪反应。程度可从轻度的紧张不安直到极其强烈的恐惧，甚至惊恐发作不等。由于引起恐惧的刺激源和情境繁多，故可冠以多种名称，如恐高症、黑暗恐惧症、考试恐惧症、死亡恐惧症等。

"考试恐惧症"表现为考生考试前产生害怕心理，从而引起身心一系列的不良反应，严重的学生可能引起生理上的头痛、胃痛、腹痛。在考试的过程中，身心的不适往往表现为紧张焦虑、头晕出汗、思维紊乱、记忆模糊、反应迟钝、精神不集中等情况。在这种心慌意乱、身体难受的情况下，考生甚至对平时烂熟于心的测试内容也会出现回答时漏洞百出或答非所问。调查发现，真正患有严重考试恐惧症的学生不多，但是不同程度地存在着类似症状的考生则不少。

战国时，有一位有名的神箭手叫更赢。有一天，他陪魏王在花园里喝酒，一只大雁远远地飞来，更赢对魏王说："我为大王表演一个虚弓射飞鸟的技能。"

魏王不相信地笑笑："好啊。"

孤雁越飞越近，更赢摆好姿式，拉满弓弦，虚射一箭，雁应声而落。魏王简直不相信自己的眼睛，惊叹道："箭术难道真的可以达到这种地步？"

更赢放下弓解释说："这是一只有隐伤的大雁，它是听见弦声惊恐而落下的，并非我的技术高明。"魏王更纳闷了："大雁在天空中飞，先生怎么知道它有隐伤？"更赢回答说："它飞得慢，鸣声又凄厉，是因为长久失群，原来的伤口没有愈合，惊恐的心理还没有消除。一听到弦声，就猛一下子扇动翅膀往高处飞，瞬间就牵动旧的创伤，疼得使它跌落下来。"

考试心理危机之恐惧现象如何解决？

舒缓压力，端正心态。考试恐惧是学生对消极结果的预期引起的不良情绪反应。教师应引导学生学会合理的自我放松，如采用积极自我暗示，肌肉放松，深呼吸等方式，帮助自己恢复身心平衡状态，以积极的心态应对考试。

正确认识考试性质。引导学生认识考试只是对一个阶段学习状况的检测，其目的是为了能够让自己意识到薄弱环节，以确定今后努力的方向；人的一生中要经历无数次考试，同时也代表着无数次机遇，每次考试反映人生路上的一个阶段，都不是决定性的结果。

客观认识自己的能力和他人的评价。考试成绩较好的学生更容易产生考试焦虑症，是因为这些学生更在意他人评价。教师应该引导学生科学地认识自己，让学生认识到每个人能力固然有高低，只要竭尽全力，便问心无愧，对不贴合实际的评价不予计较。

家长要摆正心理，传递良好情绪。家长要正确认识孩子的能力，理性对待考试成绩，能够肯定孩子的努力，确定合理的期望值，协助孩子制定符合实际的目标，避免给孩子较大的心理压力。

一盆水倒在地上，水很快向四周漫溢。地上有一棵小草被水冲起，浮在水面上犹如一叶小舟。一只小蚂蚁伏在草叶上吓得惊慌失措，它看着四下流淌的水，不知道这水有多阔，有多深。"天啊！哪里是岸呢？我该往哪里逃生？完了，这下全完了！"小蚂蚁绝望了。

还没等小蚂蚁想明白这一切，水已流完、渗入地下了，只剩下一片还有些潮湿的地面。于是，小蚂蚁连忙牵动它那细小如丝的腿，急速地爬下"小舟"，它很快就见到了它的那一群伙伴。一见到伙伴们，小蚂蚁忽然为它刚才经历的巨大劫难伤心起来，它泪流满面地向朋友们哭诉它的经历。它泣不成声地说："亲爱的朋友们呀，你们差一点就见不着我了，就在刚才那一瞬间，我差一点被那凶险的大水淹死了啊！呜……呜……"

众蚂蚁听完那只"幸运"地活着回来的小蚂蚁的经历后，虽有疑惑，但还是对小蚂蚁表示了诚挚的慰问。

如何界定学生属于网络成瘾？

　　网络成瘾，又称网络依存症、网络成瘾障碍。2018 年，世界卫生组织（WHO）将游戏成瘾列入精神疾病，并通知世界各国政府，将游戏成瘾纳入医疗体系。

　　何为"网络成瘾"？目前界定学生是否属于网络成瘾的通常定义为：因为依恋网络而失去了正常生活能力（社会功能损伤）、有明显"戒断症状"者。如，学生在没有特别理由的情况下，花费大量的时间和精力在网上冲浪、聊天或进行网络游戏，并产生难以抗拒的依恋，呈一种慢性或周期性的着迷状态。这种对互联网络的过度使用严重地影响到学生的生活质量，降低其学习效率，损害其身体健康，导致产生各种心理障碍、行为障碍和神经性功能障碍。其典型表现是生物钟紊乱、睡眠障碍、情绪低落、思维迟缓、社会活动减少、自我评价降低等。

　　此外，也可以参考上网的时间等来界定：网络成瘾的学生平均每天非学习目的连续上网 6 小时以上，其认知功能、情绪情感功能，以及行为活动甚至生理活动，偏离现实生活达到 3 个月以上。

　　春秋时，卫懿公是卫国的第十八代君主。卫懿公特别喜欢鹤，整天与鹤为伴上了瘾，如痴如迷，丧失了进取之志，常常不理朝政、不问民情。他还让鹤乘高级豪华的车子，比国家大臣所乘的还要高级，为了养鹤，每年耗费大量资财，引起大臣不满，百姓怨声载道。有诗云：曾闻古训戒禽荒，一鹤谁知便丧邦。荥泽当时遍磷火，可能骑鹤返仙乡？

公元前659年，北狄部落侵入国境，卫懿公命军队前去抵抗。将士们气愤地说："既然鹤享有很高的地位和待遇，现在就让它去打仗吧！"懿公没办法，只好亲自带兵出征，与狄人战于荥泽，由于军心不齐，结果战败而死。

网络成瘾的危害有哪些？

当下，网络成瘾在中小学生中越来越聚焦于网络游戏成瘾，网络游戏成瘾已成为网络成瘾的代名词。网络游戏成瘾对中小学生的身心造成严重损害。

躯体方面：网络成瘾者长时间沉溺于虚幻的游戏之中，过度兴奋，难以控制，睡眠紊乱，一旦停止游戏活动，从事任何有意义的事情都无精打采。

脑功能方面：人体前额叶的葡萄糖代谢下降、氧代谢下降、大脑的额叶受到影响，个体的社会化大脑进程被打乱，与人交往的能力、情绪表达的能力，特别是注意力会下降。

心理方面：网络成瘾者虽在持续的上网过程中感受到在现实生活中所没有的满足感和愉悦感，但同时也会出现逻辑思维迟钝，对现实生活出现疏远感，情绪低落、悲观，丧失自尊和自信心等。

行为方面：人格发生明显变化，变得怯懦、软弱、自卑、自责、失去朋友和家人的信任。为了继续游戏活动，不择手段，甚至出现电脑狂暴症，即一旦电脑出现死机或故障，便会沮丧、焦虑，转而向电脑或向他人发泄无名之火，狂暴不止，严重时将键盘、鼠标摔得粉碎。

网瘾学生除了在家里和父母激烈争吵，叛逆反抗外，当他们在没有钱上网的情况下，往往会不择手段，甚至盗窃或抢劫，或者因为没有网络而采取伤残或结束自己的生命等极端行为。

清朝末年，有个叫高拜的人是镇里有名的赌鬼，嗜赌如命，输光了家里的积蓄，就赌房子、土地，爹娘被他活活气死，他依然赌性不改。输了房子后，只好在山上搭了间茅屋，和老婆孩子一起住。没一分钱了，该赌照赌，押手指，押胳膊，押耳朵，就这样他少了一个耳朵，三根手指。

高拜每次赌完回山上茅屋都要经过一片小树林，这天他赌钱赢了点，买了酒，边走边喝，走到树林时听到耳边有人跟他说："赌鬼，赌两把啊"，迷迷糊糊的高拜顿时来劲了，"赌就赌"。高拜坐在老树桩边赢了不少钱，跌跌撞撞回家拿出来看，发现竟然全是纸灰，惊出一身冷汗。但第二天晚上经过小树林边，听到"赌鬼，赌两把"后，双腿根本不听使唤，又在老树桩边赌了起来。一连半个月，他每天都到树林赌钱。

终于这天他连床也下不了了，死前拉着高氏的手说："娘子，我对不起你，这些年你为我受了那么多苦，我都知道。我也想改，可赌瘾发作时比死都难受，我要是死了，你就找个好人改嫁吧！好好养孩子，千万别让孩子学他爹，但凡有来世我一定戒了这赌瘾。"说完闭上了眼睛。

中小学生网络成瘾的心理干预该如何进行？

在国家正式规定网瘾入病后，按照精神卫生法，学校心理老师无权诊断。但在专业医院确诊并进行干预之后，学校心理老师可对中小学生网络成瘾者进行辅助心理干预。步骤可分三步进行：确定求助者的问题所在；给予求助者支持与关心；根据求助者的情况制定干预计划和目标，并加以实施。

确定求助者的问题所在。一般而言，中小学生出现网络成瘾危机的原因有很多，但不外乎家庭、学校以及学习等方面。当学生承受不了来自家庭、学校、学习上的压力时，他们中的一部分人就会产生逃避的想法。而在虚拟的网络电玩世界中，他们不仅没有感受到那种让他们"窒息"的压力，相反，感受到的是空前的刺激、兴奋和"放松"；感受到的是网络伙伴的支持、帮助和温暖。

给予求助者支持与关心。根据求助者的问题，学校心理老师应该给予求助者足够多的关心和支持，要应用心理咨询师的专业技能，倾听、共情，使来求助的学生敞开心扉进行情绪表达与宣泄，改变求助者对网络的片面认识，调整与网络的关系，找到和确立新的人生目标。

根据求助学生的情况制定干预计划和目标。学校心理老师应该根据中小学生网络成瘾个体的问题所在，选择合适的干预方法。目前，国内对中小学生网络成瘾进行心理干预的方法主要有认知疗法、行为疗法、认知行为疗法、投射治疗、家庭治疗、团体心理治疗等。

行为疗法在网络成瘾心理干预中的作用？

经典性条件反射和操作性条件反射理论认为，当一个人因为某种行为而获奖励时，这种行为发生的次数就会增加；反之，一个人的某种行为受到惩罚，这种行为的发生次数就会减少。行为疗法藉此发展而来，主要包括"代币管制法""行为契约法""厌恶干预疗法"等。

代币管制法。这是一种利用强化原理促进更多的适应性行为出现、减少或消除不适应行为出现的方法。代币是指可以在某一范围内可兑换物品的证券，根据网络成瘾学生每天减少的上网时间与表现，予以奖励。代币可换取当事人所喜爱的物品，助当事人逐渐减少上网时间，直至不再迷恋上网为止。

行为契约法。成瘾的学生与家长共同商定戒网的行为契约，学生签定契约并成为契约的遵守者，家长则担任契约的执行者，从而规范成瘾学生的上网行为，也培养其自我约束能力。

厌恶干预疗法。将某种不愉快的刺激与对当事人有吸引力、但不受社会欢迎的行为活动联系起来，使得成瘾的学生最终因感到生理或心理上的厌恶而放弃这种行为。橡皮圈疗法是最简便易行常用的方法之一。也可以在上网后精神不振时照张相，再与其以前精神状态很好时做对比，让学生厌恶自己的网瘾行为。

老鹰的寿命可达 70 岁。然而要活那么长的时间，生命的旅途中必须做出一个艰难抉择。

当老鹰活到 40 岁时，爪子开始损坏老化，喙也变得又长又弯、几乎碰到胸膛，而且由于羽毛越长越浓厚，使得飞翔十分吃力，它已无法有效地抓住和击杀猎物。这时的它只有两种选择：要么静静地等死、要么经历一个十分痛苦的蜕变重生过程。

老鹰没有向命运屈服，它毅然选择了后者。它在悬崖上先用喙撞击岩石，直到完全脱落……待新的喙长出来后，用新的锐喙把老化的爪子一个个撕扯出来……用新长出来的爪子把老羽毛一根一根拔掉，静等新羽毛的生长。

历经 150 天痛苦而漫长的蜕变后，老鹰重新以王者的姿态在蓝天翱翔。

认知行为疗法在网络成瘾心理干预中的作用？

认知行为疗法是建立在行为主义理论基础上的。按照行为主义的理论，既然所有的行为（包括正常的和不正常的）都是学习的结果，行为由个人的强化历史所决定，那么通过对个体的再训练（或再教育、重建条件反射）的方法，可以使个体学会对周围环境刺激的新的、适宜的反应。

在认知行为疗法模式下，心理教师的主要任务就是发现网络成瘾学生的需要及行为问题，通过精心设计的一系列操作性行为模式，帮助当事人改变自己的行为。

认知行为疗法的具体策略包括认知重构，行为练习和暴露治疗等。通常是将网络成瘾的学生暴露于不好的刺激中，挑战他们的不适应性认知，并训练大脑以不同的方式思考问题。在干预过程中，网络成瘾的学生要接受心理老师教给他的观念和行为，并反复加以练习以使大脑得到新的学习，久而久之，这种练习就变成网络成瘾学生自发或习惯性的行为。此外，通过在某些方面改变网络成瘾学生所处的环境的方法，帮助网络成瘾学生把不正常的行为改变为正常的行为。这就是认知行为疗法的基本方法。

扁鹊是战国时期著名的医生。一次，他路过蔡国时拜见了蔡桓公，边聊边出于职业本能观察着蔡桓公，过了一会儿扁鹊说："君王有病，目前只在体表，如果不及时医治，恐怕病要深入体内了。"蔡桓公听了以后，很不高兴的说："瞎说，我根本就没有什么病。"扁鹊见蔡桓公不听劝告，就告辞走了。等他走后，蔡桓公对周边人说："当医生的，就喜欢给没有病的人治病，以此来显示自己医术的高明。"

过了十天，扁鹊又去拜见蔡桓公。他说："君王的病发展到肌肉里面去了，如果再不医治的话，恐怕还会进一步加深呐！"这一次，蔡桓公也没有理睬他，扁鹊只好又告辞走了，蔡桓公因此也显得更不高兴了！

又过了十天，扁鹊再次来拜见。他说："君王的病已经发展到肠胃里去了，如果不及时治疗，还会加深的。"蔡桓公还是没有理会他。

再过了十天，扁鹊看望了一下蔡桓公，什么也没有说便转身走了。蔡桓公不明白扁鹊为什么一语不发就走了，于是特地派人去问扁鹊。扁鹊说："病在体表，用汤药洗或热敷就能见效；病在肌肉中，用针灸可以治好；病在肠胃，吃些清火的汤药也可以治好；如果病入骨髓，那只能由死神摆布，人力是无法挽救的了。现在君王的病到了骨髓，所以我不再请求为他治疗了。"

果然，五天以后，蔡桓公全身疼痛。不久，蔡桓公就病死了。

家庭疗法和团体咨询疗法干预网络成瘾的好处？

网络成瘾的成因很复杂，是学生个体问题，也是家庭问题和社会问题。若仅从某个角度介入，干预效果是有限的。因此，对于中小学生网络成瘾的干预，要从个体、家庭、社会三个层面同时介入，才能预期更好的效果。

家庭治疗直接针对家庭环境、家庭结构和家庭功能等方面进行改善，可以发挥其他干预方法不能发挥的作用。家庭治疗有多种模型，常用的有结构模型、萨提亚模型和家庭团体治疗。

团体辅导法将相同问题的学生组织在一起，运用团体动力和适当的心理咨询技术进行网络成瘾的干预。它的意义在于有相同问题的中小学生的同伴间相助，远比成人给予的支持效果要好，加之成员们共同签署契约，借助团体的监督和相互支持作用，会有更强烈的约束作用，从而使成瘾行为的改变得到长期的坚持和巩固。

什么是急性应激障碍？

所谓应激，是个体对察觉和认知的，某种有威胁的情境或事件所做出的一种保护性反应。"急性应激障碍"指在受到急剧、严重的精神刺激后立即（数小时内）表现出强烈的精神运动性兴奋或精神运动性抑制，甚至木僵。急性应激障碍历时短暂，一般持续很数小时至1周时间，多数在1个月内缓解。

症状主要有：

出现反应性朦胧状态。学生发生急性应激障碍后，意识清晰度会下降，对周围环境不能清楚感知，定向困难，注意范围变得狭窄。紧张、恐惧，难以进行交谈。动作杂乱，偶有冲动的行为。有人会出现片断的心因性幻觉，约数小时后意识恢复，事后可有部分或全部遗忘；出现反应性木僵状态，表现为目光呆滞，表情茫然，情感迟钝，呆若木鸡，不言不语，呼之不应，对外界刺激无反应；出现反应性兴奋状态。表现出强烈情感反应，情绪激越，情感爆发，活动过多，时有冲动的举止；另有焦虑紧张症状，常见有出汗、心率加快、面赤红等躯体生理反应。

学生出现急性应激障碍后，生活起居、学习和人际交往等社会功能会受到损害。但急性应激障碍发生与否，及严重程度，取决于个体的易感性和应对方式。

怎样进行急性应激障碍的心理危机干预？

出现学生亲自体验或目睹涉及自己或他人的威胁事件，或是死亡、躯体严重损伤类的事件，导致学生产生一系列强烈恐惧的生理心理反应时，要及时进行心理危机干预。

要迅即帮助当事的学生脱离创伤事件现场，暂时避开与创伤场景有关的刺激。同时尽快协助建立社会支持系统。良好的家庭、社会支持是阻止创伤后应激障碍发生的保障因素。当事的学生对社会支持的满意度越高，创伤后应激障碍发生的危险性就越低。

鼓励当事的学生把自己的感觉表达出来，干预者共情地倾听，但注意帮助学生减少对自己在创伤事件中的反应的任何负性评价。要鼓励学生通过对家人或朋友讲述有关的经历来面对这种创伤。要向学生保证这种急性应激性反应在短期内会过去的。

使当事学生认识到老师的心理陪护是必要的，并让其了解心理辅导的目标和基本过程。提供心理创伤相关知识的普及教育，传授积极的应对方法，进行必要的认知干预，提高个体的抗应激能力。

在做好充分准备的前提下，可以考虑重返危机发生的现场，实施脱敏，直至能冷静、清晰和准确地复述曾经历的创伤事件，不再恐惧、紧张和回避。

2004 年的非洲肯尼亚，暴风雨来临，疯狂的河水把河马一家冲进了印度洋，接着，不期而遇的海啸又吞噬了一切。只有小河马自己幸运地生还了。

人们将小河马救起，送到了蒙巴萨附近的一个自然保护区里。孤立无援的小河马惊恐不已，躲到了一块大石头后面开始哭泣。忽然，大石头开始移动并说话"不要哭，小河马，我会成为你的朋友。"原来，这块"大石头"是一只已经130岁的乌龟爷爷。

乌龟爷爷经常一动不动，动的时候也慢悠悠的。这正适合小河马，现在的他，也不喜欢走动，不喜欢做游戏，不喜欢玩耍。

乌龟爷爷非常有智慧。他知道要让小河马重新笑起来、重新爱上玩耍和做游戏很重要，非常重要。他们开始在保护区里一起散步。乌龟爷爷找到了一个皮球，他们开始不停踢来踢去。乌龟爷爷又给小河马找了一些蜡笔，这样他就可以画画、写字，表达自己的感受。

乌龟爷爷、河马都喜欢水。事实上，"河马"的意思就是"河中的马儿"。但是，当他们每次靠近水，或者开始下雨的时候，小河马就开始惊慌。他的心跳得非常厉害，感觉又会被冲走，呼吸困难，整个身体都在发抖。他已经记不起来以前发生的事情，只是感到害怕，害怕与水有关的事。但他感觉和乌龟爷爷在一起的时候非常安全，感觉非常放松，非常舒服。

一天乌龟爷爷躺在草地上，小河马也躺在他旁边，枕在他身上。乌龟爷爷说："想一想你最喜欢的食物的味道……嗯……呼吸一下青草的香味……感觉一下你躺在吊床上……多么温暖、安全、舒服……听一听掠过树梢的清风，感觉一下你脸上的微风和你肚子上那温暖的阳光。想象着，你在一个你最喜欢的地方，那是特别的一天，美好的感觉，放松又舒服——对，就是这样，慢慢感觉。"

乌龟爷爷看了一看小河马，问道："在你的想象中，你在哪里？"

"和爸爸妈妈在一起，在桑巴基河中。"小河马答道。

乌龟爷爷说："想象着你和爸爸妈妈一起，安全又无忧无虑在桑巴基河中游泳。这不是很棒的感觉吗？"小河马说："是啊，非常棒，和我父母一起可以在水中，在这里可以和你一起游泳。""深深地呼吸，把自信吸进你的身体吧，内在的力量会让你勇往直前，不论你和父母经历了什么事情。"当小河马抬起头，望着乌龟爷爷慈祥、善意的面容时，一滴大大的泪水夺眶而出。

每天，乌龟爷爷和小河马都在进行着心灵沟通。几周过去了，小河马变得勇敢、变得坚强了。他开始微笑，开始寻找快乐。

终于，小河马重新回到河里，快乐地游着。一旁游着的乌龟爷爷笑了。

什么是创伤后应激障碍？

创伤后应激障碍，又称为延迟性心因性反应。引起创伤后应激障碍的刺激因素往往是具有威胁性或灾难性的异乎寻常的事件，如亲身经历的地震、火灾、洪水、重大车祸、凶杀、被暴力人身侵犯等，这些刺激因素常引起亲历者极度的恐惧和无助感，从而使其处于极度的害怕、悲痛和忧伤中。

创伤后应激障碍从经历异乎寻常的灾难性心理创伤到出现异常的精神症状，常有一个潜伏期，潜伏期可以是数日、数月至半年。

出现创伤后应激障碍的学生往往会有反复体验创伤事件的症状，如噩梦、闪回、侵入性记忆；会有保护性反应，如情感麻木、健忘症、认知回避等；

会有唤醒症状，如惊恐反应、持续性的警觉状态、入睡困难。还伴有悲伤和愤怒等负性情绪，以及内疚感等负性认知。

创伤后应激障碍可长达数年，甚至持续多年不愈。决定障碍症状是否迁延，与应激刺激的大小、个体暴露在创伤情境中的时间长短、威胁生命的严重程度以及个人性格特点和生活经历、社会干预与支持、躯体耐劳、心理素质等的因素有重要关联。

创伤后应激障碍的危机干预技术有哪些？

支持性心理治疗方法。是干预者应用心理学知识和方法，采取倾听、鼓励、支持、同情、解释、保证等方式，帮助和指导学生分析认识当前所面临的问题，使其发挥自己最大的潜在能力和自身的优势，正确面对各种困难或心理压力，以度过心理危机，从而达到治疗目的的一种心理干预方法。

认知行为疗法。是干预者通过认知和行为技术，采用认知重建、心理应对、问题解决等技术，来矫正求助者的错误认知，从而消除或缓解因学生认知歪曲导致的心理障碍发生的一种心理治疗方法。

宣泄疗法。是一种在学生宣泄（喊叫、涂鸦、运动、摔打东西、倾诉）之后，等待他们的精神宣泄达到一定程度后，再给予温和正确指导的一种心理干预方法。基本原则是让学生将心中积郁的苦闷或思想矛盾倾诉出来，以减轻或消除其心理压力，避免引起精神崩溃，并能较好地适应生活学习环境。

包括心理稳定化技术、创伤暴露技术、眼动脱敏再处理技术在内的其它专业性创伤心理干预技术。心理稳定化技术包括放松技术、容器技术、安全岛技术、自我觉察训练，以及内在智者技术等。

创伤急性期心理干预应以支持性心理治疗为主，中后期可选具体的心理治疗方法予以干预。心理老师在进行心理干预过程中要把握几点基本原则：①协助求助学生体会和接受自身的心理变化；②给予求助学生关注和支持；③协助求助学生积极表达情感；④根据具体情况进行相应分析；⑤干预中"不领跑，不随从，全程陪伴，适当引导"。

丧亲哀伤心理危机的外显表现有哪些？

丧亲者是指经历了亲人离世的个体。中小学生对自己的亲人依赖性强，与亲人之间情感深厚，情感联系紧密。亲人离世，对于未成年的中小学生来说意味着从此失去最亲近、最可依赖的对象，这是巨大的精神打击，很有可能让他们陷入心理危机之中，造成巨大的伤害。

虽然丧亲是一样的，但每一个心灵、每一个内心世界、每个人的哀恸历程都是各不相同的。如果亲人的死亡完全在意料之外，那么这样的冲击往往比可预期的死亡（如亲人是因为癌症病故等）更加令人难以承受，也可能会使得哀恸反应更强烈，哀恸的历程持续更久。

情感反应表现主要为：否认、强烈的悲伤、哭泣、歇斯底里、愤怒等。身体反应表现主要为：大汗、战栗、晕厥等。行为反应表现主要为：侵略性等丧失理智的强烈冲动、社会退缩或类似胎儿蜷缩姿势等。

如何干预丧亲哀伤导致的心理危机？

建立信任的支持关系。聆听和陪伴是对丧亲学生最基本的支持，贴身的陪伴比任何解释都更重要。要有同理心，采取与当事人同样的身体姿势（如坐或站着），耐心地倾听，完全地接纳和尊重，敏感地察觉丧亲学生的任何需要。不要自作聪明地随意加以劝说，不要将自己的价值观或想法强加给对方。

如有需要，协助丧亲学生通知他的亲属、同学、好友，提示这些人尽快尽多与丧亲学生待在一起。对因丧亲给生活带来困难的学生，协助请求给予社会支持和具体的生活帮助。

告知所有学生遇到丧亲事件时的很多情感反应，如哭泣、无助感甚至休克都是正常的。通过这种方式使丧亲学生的哀伤经历正常化。

唤起现实感，克服内疚感。有些丧亲的学生会有沉重的内疚自责感："为什么不是我？""如果我那样做就可以避免……"仿佛要为逝者的亡故负责。对此，心理辅导老师应该明确地告知其亲人死亡的医学原因，使其不再自责。

小山羊咩咩从小由奶奶带大，所以与奶奶的感情很深。这次山羊奶奶年老体弱住进医院，咩咩一直情绪低落，看着奶奶不想说话，不会自己吃东西，只是不停地输着液体，咩咩很害怕，问妈妈："奶奶会不会死？"小山羊的妈妈告诉他，医生会有办法帮助奶奶慢慢恢复健康的。可妈妈的这些话并没有消除咩咩内心的疑问和恐惧。

这天，在森林中的一片草坪上，兔宝宝、鹅兄弟、梅花鹿姐姐、小猴、小松鼠、鹿子等小动物们在尽情地戏耍，过了一会儿大家唱起歌来，"长呀长，快快长，长大……"咩咩没唱，却躲在一旁哭。瞪羚伯伯问他原因，他说："我不想长大，奶奶长大了会死，我长大也会死的。"瞪羚伯伯说："小动物要长大，小树苗也会长成大树，长大了会变的更强壮，你总是要长大的。新生命诞生和老迈死去都是正常现象。小花到冬天就会凋落死去；大树老了也会慢慢地枯死。我们能做的，就是在他们活着的时候好好地待他们。"咩咩似懂非懂地点点头。

三个星期过去了，咩咩经常来看望奶奶，但再也不问有关死亡的事情了。后来奶奶真的去世了，妈妈很伤心，咩咩反过来安慰妈妈："妈妈，别哭了，不用害怕，老死是正常现象。"

校园意外伤害主要有哪些？

校园意外伤害事故是指那些在学校园区内发生的、一种意料之外的、突发的、外来的和非疾病的、对个体造成伤害的负面的客观事件。这种意外造成的伤害有时不仅仅存在于生理上，不仅仅是人体的完整性遭到破坏，或器官组织生理机能遭受损害，也存在于心理方面（如"应激相关障碍"）。甚至在很多时候，心理上的伤害严重程度要大于生理伤害。

校园意外伤害事故主要有：校园内因各类车辆引发的意外伤亡事故；校园游泳池内的溺水事件；学校提供的餐饮食物中毒事件；同学间相互推搡、互开玩笑、打架斗殴等发生的意外伤害；因体育课准备活动不充分、运动方式不正确等而导致的运动伤害，也包括课间自由活动造成的运动或游戏伤害；由于实验器具、药品等的管理不当，或实验操作不当所造成的伤害事故；由于学校设施老旧、学校设施不合格、学校设施管理不善等而造成的设施意外伤害；社会人员非法进入校园实施的暴力伤害事件；其它种类的校园意外伤害事件，例如中暑、触电等。

中国古代有句老话"千里之堤毁于蚁穴"，典出先秦《韩非子·喻老》中的"千丈之堤，溃于蚁穴，以蝼蚁之穴溃；百尺之室，以突隙之烟焚"。

据说，黄河岸畔有一大片村庄，为了防止水患，农民们筑起了逶迤的长堤。一天，有位老农偶然在堤上发现蚂蚁窝猛增了许多，心想这些蚂蚁窝究竟会不会影响长堤的安全呢？他准备回村去和大伙儿说说自己的忧虑。路上遇见了他的儿子，老农的儿子听了不以为然说：坚实的长堤，还害怕几只小小蚂蚁吗？说毕，拉着老农一起下田干活去了。当天晚上风雨交加，黄河里的水猛涨起来，咆哮的河水从蚂蚁窝渗透出来，继而喷射，终于堤决村淹人亡。

千里之堤毁于蚁穴也符合"墨菲定律"。墨菲定律是美国工程师爱德华·墨菲做出的著名论断。主要内容是：任何事都没有表面看起来那么简单；所有的事都会比你预计的时间长；会出错的事总会出错；如果你担心某种情况发生，那么它就更有可能发生。其核心是：任何一个事件，只要具有大于零的机率，就不能够假设它不会发生；事情如果有变坏的可能，不管这种可能性有多小，它总会发生。

　　校园意外伤害事件是一种不经常发生和不希望发生的小概率事件。由于这些小概率事件在大多数情况下不发生，所以，往往被人们忽视，这恰恰是事故发生的主观原因。墨菲定律告诫人们，安全防范意识时刻不能放松，只有格外小心仔细，才能防患于未然。战国时期，魏国相国白圭在防洪方面很有成绩，他善于筑堤防洪，并勤查勤补，经常巡视，一发现小洞，即使是极小的蚂蚁洞也立即派人填补，不让它漏水，以免小洞逐渐扩大、决口，造成大灾害。由此，白圭任魏相期间，魏国没有闹过水灾。

校园意外伤害对学生有哪些心理影响？

　　　　　校园意外伤害事故对当事人而言，受到伤害的不仅仅是身躯肢体，还可能导致心理危机，引发一系列心理、生理及行为的反应：

　　　　　心因性躯体症状。遭受意外伤害的学生首先会出现一些生理上的反应和症状。如：睡眠障碍。包括失眠、睡眠量不足、睡眠质量差、噩梦夜惊等睡眠不正常以及睡眠中出现异常行为的表现；食欲不振。包括食欲降低、不思茶饭、厌食等症状；胃肠不适。包括原因不明的胃痛、腹痛等胃肠道不适的情况；心因性躯体疼痛综合征。包括无器质性病因或无足够器质性理由可以解释的慢性疼痛。

　　　　　认知上的影响。在认知方面主要表现为注意力集中困难、效率降低、缺乏自信，不能把思想从危机事件上转移等。常会对自我、他人和前景抱以负性思维；外貌、肢体上的残疾、疤痕等还会对学生的自信心造成较为严重的冲击；因为受到过伤害，学生对周围环境及人群会更加敏感、多疑，对周遭事物和人更加谨慎小心；否认或回避现实。短期的否认现实有助于自我保护，但是长期否认现实会影响生理上的治疗和心理上的康复。回避现实包括基于逃避现状的出走意念和自杀意念。

情绪上的影响。意外伤害作为一种心理应激源，必然会打破遭受意外伤害的学生的惯常心理平衡，使个体产生紧张、混乱的心理感受，导致焦虑情绪的产生；抑郁是意外伤害之后的常见情绪反应，抑郁情绪的严重程度与受伤害的程度相关，若是伤害事件非常严重，超过受害者的承受能力，抑郁情绪会严重到引发自伤、自杀的后果；突发的难以控制的意外伤害事故，会使受害学生缺乏安全感，产生恐惧、紧张、害怕的心理；在情绪体验方面还有可能出现孤独感、怨恨感、自责和内疚感。

行为上的影响。当遭受意外伤害的学生出现认知和情绪上的不良体验后，可能会催生种种不当行为（或行为倾向）：攻击性、易激惹性、报复行为、沉默寡言、逃避与回避行为等。

社会性方面的影响。遭受意外伤害的学生由于缺课，会使其跟不上教学进度，影响正常的学习，最终对学业产生不良影响；遭受意外伤害的学生由于认知、情绪和行为上的偏差，会影响个体的人际关系，导致社会性受损；此外，遭受意外伤害的学生还会出现行为孤立、态度冷淡、不与他人正常沟通交流，自身社会地位呈边缘化的社会性退缩行为。

遇意外伤害后会出现怎样的心理变化过程？

意外伤害发生并致个体创伤时，个体会产生紧张感，心理、行为也随之发生不同程度的变化。遭受意外伤害学生的心理变化大体分为以下几个阶段：

退化性期。突发性的意外事故，使学生在毫无提防的情况下遭遇伤残、甚至是死亡的危险，心理上会产生恐惧感，呈现出面色苍白、身体颤抖、痛苦呻吟、哭闹喊叫等心理行为反应。此时个体的心理压力特别大，承受能力特别差，判断力和自我控制能力下降，不知所措的个体把希望全部寄托在医护人员的身上，期望能得到及时的抢救和治疗，以解除痛苦和疑虑。

进攻性期。遭受意外伤害的学生会表现出心神不宁、焦虑不安、暴躁易怒的情况，缺乏理智地对亲属、医护人员、肇事责任相关方发怒、发泄，对治疗和护理不合作，有时甚至攻击自己。以高中生居多，与此年龄段去甲肾上腺素分泌高有关。

抑郁反应期。遭受意外伤害的学生通过一段时期的治疗，面对意外事故给自己身体带来的不同程度缺损的后果，面对正常的生活和学习能力所受到的严重影响，同时基于对前途的担心，会陷于忧伤、抑郁、绝望的情绪中难以解脱，造成严重的心理创伤。如果因自己的意外伤害还连累心中所在乎的人时，内心压力会更大，会沮丧失望与悔恨交加，甚至出现轻生的念头和行为。

适应期。遭受意外伤害的学生开始接受事实，并表现出以应对的态度制定解决问题的计划和减少应激的策略行为，这时个体会努力恢复心理上的平衡，控制焦虑和情绪紊乱，情绪逐渐稳定，面对现实，配合医护人员的治疗，达到有利于形成适应环境的能力。

对受校园意外伤害学生干预的意义及步骤？

对受校园意外伤害学生进行危机干预是一种短程的、有效的心理救助过程。心理危机干预技术通过调动学生自身的潜能来重新建立和恢复其危机前的心理平衡状态，此外，也帮助受到伤害的学生掌握良好的应对技巧，使其在今后面临或遭遇类似应激时，能具备处理问题和应对危机能力。因此，心理危机干预技术不仅有利于缓解受到伤害的学生在当下应激状态下产生的心理压力，还有益于提高个体长远的自我心理适应和承受能力。

危机干预的主要步骤为：评估心理问题，全面了解学生遭遇的意外伤害或事件，明确当前存在的心理问题；根据遭受意外伤害学生的心理需要制订干预计划；运用心理危机干预技术给处于心理危机之中的学生提供有效的帮助和支持；及时对危机干预效果进行评估，确定继续进行还是适当调整干预计划。

校园意外伤害事件后心理评估的作用？

校园意外伤害事件后的心理评估是指应用多种方法获得信息，对受伤害学生的心理品质或状态进行客观的描述和鉴定。

当校园意外伤害事件发生后，对受伤害学生进行及时准确的心理创伤评估是十分必要的，受伤害学生心理伤害的严重程度是评估首要关注的问题，它是其它一切工作的前提和基础：评估可以使实施心理干预的教师准确理解受伤害学生的危机情境及反应，以便制订计划，进行危机干预；尽早识别校园意外伤害事件中的心理危机严重者，针对其问题的主要原因、特征，有的放矢地施以个性化心理干预，进而引导其有效应对突发意外事件所致的身心反应，可增强受伤害学生对创伤康复治疗、护理的能动性，促其达到自身条件下的身心完好状态；评估可以确定危机的严重程度，并在不断的跟进过程中确定受伤害学生的心理状态，进而确定采用的应对策略、有效的支持系统等。

校园意外伤害事件心理评估的内容及标准？

校园意外伤害事件的心理评估的内容，主要涉及三个方面，即受伤害学生的认知、受伤害学生的情感、受伤害学生的行为。

对受伤害学生认知状态的评估，可将认知损害程度，在正常阈之外分为五个级别：一级为轻微损害，受伤害学生的思维集中在危机事件上，但思想受意志力控制，问题解决和做决定的能力轻微受损。对意外伤害事件的认识和感知与事实基本相符；二级为轻度损害，受伤害学生的注意力偶尔不集中，较难控制对伤害事件的思考，解决问题和做决定的能力降低。对意外伤害事件的认知和感知与现实情况存在某些偏差；三级为中等损害，受伤害学生注意力时常不能集中，较多地考虑伤害事件而难以自拔，解决问题和做决定的能力因强迫思维、自我怀疑、犹豫而受到影响。对伤害事件的认知和感知与现实情况有明显偏差；四级为显著损害，受伤害学生沉湎于对伤害事件的思虑，解决问题和做决定的能力明显受到影响。对伤害事件的认识和感知与现实情况有实质性的差异。五级为严重损害，受伤害学生除了伤害事件外，不能集中注意力，丧失解决问题和做决定的能力。对伤害事件的认识和感知与现实情况明显有差异。日常生活受影响。

对受伤害学生情绪状态的评估，可将情绪影响程度，在正常阈之外分为五个级别：一级为轻微损害，受伤害学生对环境变化有短暂的负性情感流露，不强烈，情绪完全能由受害者自控；二级为轻度损害，受伤害学生对环境变化有较长时间的负性情感流露，受害者能意识到需要自我控制。三级为中等损害，受伤害学生的情感对环境反应有脱节，常表现出负性情感。对环境的变化有较强烈的情感波动。情感状态虽然比较稳定，但需要努力控制情绪；四级为显著损害，受伤害学生的负性情感体验明显超出环境的影响，情感与环境明显不协调，心境波动明显，受害者意识到负性情感，但不能控制；五级为严重损害，受伤害学生完全失控或极度悲伤。

对受伤害学生的行为状态评估，可将行为损坏的严重程度，在正常阈之外分为四个级别：一级为轻微损害，受伤害学生能保持正常必要的日常活动，偶尔有不恰当的应付行为；二级为轻度损害，受伤害学生除偶尔出现不恰当的应付行为，有时有日常功能减退（效率降低）的表现；三级为显著损害，受伤害学生的应付行为明显超出危机事件的反应，日常功能反应明显受影响；四级为严重损害，受伤害学生行为异常，难以预料，并且对自己或他人有伤害的危险。

校园意外伤害事件心理评估的方法？

观察法：观察法是通过对被评估者的行为表现直接或间接（同学、家长、其他老师观察后转述）的观察而进行心理评估的一种方法。虽然利用监控、摄录像设备进行观察有很好的效果，但面临着道德和法规的约束，有时是不被允许的；观察法的依据之一是人的行为是由其人格的基本心理特征所决定的，因此是稳定的，在不同的情况下也会有大致相同的反应。在观察下得到的行为表现和印象可以推测被观察者的人格特征及存在的问题；观察法可分为自然情境中的观察和特定情境下的观察两类。自然情境指的是被观察者生活、学习、或工作未被干扰下的原本状态。特定情境下的观察，是指危机场景下（包括当事人不知情的模拟演习）的观察。

会谈法：会谈法亦称为"交谈法""晤谈法"等，是心理教师与被评估学生之间面对面的、有目的地进行信息沟通的一种方法。会谈的形式包括自由式会谈和结构式会谈两种。前者的谈话是开放式的，气氛比较轻松，但会谈的内容可能较松散，易影响评估的效率；结构式会谈是根据评估目的预先设定好一定的结构和程序，在会谈时逐项提问，根据受试者的回答进行评估，效率相对较高。

调查法：这里的调查主要是指，当有些信息不可能从受伤害学生那里获得时，需要用间接的、迂回的方式，从相关的人或材料那里得到信息的一种方式。有时即便是从当事人那里获得的信息，其可信度也需要通过调查以佐证信息的可信度。根据调查的取向，调查可分为历史调查和现状调查两类。历史调查主要是了解被评估者过去的一些情况，现状调查主要围绕与当前问题有关的内容进行。

心理测验法：在心理评估中，心理测验占有十分重要的地位。校园意外伤害事件的心理测验内容主要涉及智力、事件影响程度、情绪状况、应对方式评定等。校园意外伤害事件心理评估的测评量表主要有"心理健康自评问卷""90项症状清单""事件影响量表""儿童创伤后应激反应量表"等。

校园意外伤害事件心理评估的注意要素？

尊重原则。对校园意外伤害事件中受伤害的学生进行心理评估，首先要当事人及当事人的监护人知情和同意，不可强制进行。同时，心理老师要有同理心，要使受伤害的学生深感获得关心、获得同情、自身的权益获得维护，这样，还可以激发受伤害学生与心理老师的主动合作。

保密原则。无论以哪种方法实施评估，都可能涉及伤害学生的个人隐私。心理老师必须严格遵守心理评估的职业操守，妥善保管受害者的个人资料，并承诺替学生保密。由心理老师做出解释的心理评估结果也是保密的，只有本人可以知晓，但基于中小学生是未成年人，一些评估结果可以让监护人知晓。

评估与干预相结合。如果仅仅是对校园意外伤害事件中受伤害的学生进行心理创伤的评估，有时也会给学生造成二次心理创伤，因此必须是由能够持续进行心理援助的心理工作者来进行评估，并在评估后能够提供持续的心理咨询援助。

同理心，又叫做换位思考、共情，指站在对方立场设身处地思考的一种方式，即与人际交往过程中，能够体会他人的情绪和想法、理解他人的立场和感受，并站在他人的角度思考和处理问题。主要体现在情绪自控、换位思考、倾听能力以及表达尊重等与情商相关的方面。

几个家庭带着孩子一起去旅游，一天聚餐之后，大人们聊得兴致正浓，忽然看见一个孩子脱掉薄绒外衣裤，只剩短袖内衣及小内裤。几位母亲们立刻说："快穿上，会感冒喔！""不穿衣服，不好看""羞羞羞，怎么脱成这样。""我帮你穿上，好吗？""再不穿，我叫你爸爸来打喔！"孩子仍坐在地板上，不肯穿上衣服。

这时，一位在学校里当老师的家长走了过去，坐下并抱起这个五岁孩子，轻声在他耳边问道："干嘛不穿衣服啊？""穿着难受。""衣服怎么了？""湿了。"孩子有点委屈。"湿在哪里，我们来找找看。"孩子找不到湿掉的地方。这位家长跟他说："穿上比较好找，先穿上再找好吗？""好。"

衣服全穿上以后，孩子终于在左边袖子的肘下找到一块湿湿的地方。

"湿衣服不想穿，我们把它变干好吗？""好！"孩子兴奋地说。

这位家长向服务员借来电吹风，一会儿就把衣袖吹干了。孩子满意地重新穿上外衣跑去玩了。

孩子表达能力不佳，但不代表他们没有想法，他们对大人的意见也是会选择的，不一定会照单全收。要改变孩子的行为，先要理解他的内心感受和想法。

校园意外伤害事件干预计划要重视哪些要素？

校园意外伤害事件干预计划的制订，应以正确的心理评估为基础。

让遭受意外伤害的学生感到没有剥夺他们的权利、独立性和自尊，也是制订计划的关键之一。计划制订很重要的一点是，应该与求助者合作，让其感到这是他自己的计划，但基于学生未成年人的特殊属性，校园意外伤害事件中的中小学生心理干预计划的制订应该与学生家长（监护人）充分沟通。可以酌情让高中学生和部分身心比较成熟的初中生参与计划的讨论与制订。

要充分注意到遭受意外伤害学生的心理问题主要是由危机事件带来的，还是原有问题在危机事件背景下的表现或是加强，从而制订有针对性的心理干预措施。

要根据遭受意外伤害学生的应付能力，计划的重点应该在切实可行并系统地帮助求助者解决问题。

计划制订过程中的一个重要问题是校园意外伤害事件的控制性和自主性。让当事学生将计划付诸实施的目的，是恢复他们的自制能力和保证他们不依赖于支持者，如危机干预工作者。

校园意外伤害事件的心理干预技术有哪些？

校园意外伤害事件发生后，引发的创伤后心理应激反应是普遍存在的。心理干预的初级目标是在心理上帮助遭受意外伤害的学生，使其功能水平恢复到危机前水平，高级目标是提高学生的心理平衡能力，使其高于危机前的平衡状态。校园意外伤害事件的心理干预技术主要有如下几种：

支持疗法。是心理工作者应用心理学知识和方法，采取劝导与说服、支持与同情、启发与鼓励、保证与消除疑虑等方式，帮助和指导遭受意外伤害学生分析认识当前所面临的问题，发挥自身潜在的能力和优势，抗衡各种困难和心理压力，从而达到度过心理危机的一种心理治疗方法。

认知行为疗法。是心理工作者通过认知和行为技术，来矫正遭受意外伤害学生的错误认知，从而影响情绪和行为的一种心理治疗方法。认知疗法矫正过程为：建立求助的动机、适应不良性认知矫正、处理日常生活问题、改变自我认知。

宣泄疗法。是最常用的心理治疗方法，基本原则是让遭受意外伤害的学生将心中的积郁宣泄出来，以减轻或消除自身的心理压力，避免引起精神崩溃，并能较好地适应社会环境。

一天，陆军部长斯坦顿来到林肯那里，气呼呼地对他说一位少将用侮辱的话指责他偏袒一些人。林肯建议斯坦顿写一封内容尖刻的信回敬那家伙。

"可以狠狠地骂他一顿。"林肯说。

斯坦顿立刻写了一封措辞强烈的信，然后拿给总统看。

"对了，对了。"林肯高声叫好，"要的就是这个！好好训他一顿，真写绝了，斯坦顿。"

但是当斯坦顿把信叠好装进信封里时，林肯却叫住他，问道："你要干什么？"

"寄出去呀。"斯坦顿有些摸不着头脑了。

"不要胡闹。"林肯大声说，"这封信不能发，快把它扔到炉子里去。凡是生气时写的信，我都是这么处理的。这封信写得好，写的时候你已经解了气，现在感觉好多了吧，那么就请你把它烧掉，再写第二封信吧。"

如何辩证看待创伤性事件的影响？

创伤性事件，是指与死亡或严重伤害相关的事件（实际的或威胁性的）。创伤性事件会使经历者产生害怕、恐怖、无助的情绪。

创伤性事件案例中的不少当事人，虽是遭遇了不堪回首的经历，但他们在与创伤的抗争中，在修补创伤后心理的过程中，往往也会获得成长，心理上会出现一些新的、积极的变化。成长一般表现在三个方面：

自我的改变。经历过创伤性事件、有应对和处理创伤的经历，并凭借多方努力摆脱创伤情绪者，会提升自我效能感和价值感，对自己应对困难、困境能力的自我评估会提高。他们会发现，自己比想象中要强大。

与他人关系的改变。创伤经历使他们意识到与他人的关系有多重要，他们与家庭、亲人、朋友之间的关系往往会更加密切。他们会更加珍惜在自己困难时刻伸出爱心之手、伸出友谊之手的人。曾经不被重视的社会支持系统开始获得重视。

人生哲学的改变。创伤性事件的经历者，人生观、价值观、世界观会有一定的变化，多数人会变得更加豁达。他们会开始对人生的优先级进行调整，对自己该重视什么有新的判断。会增强人生的意义感，会更欣赏自己的人生价值，会赞美和感谢社会。

当灾难降临时，一个人的心境会跌入深渊，经受痛苦折磨。然而，如果能够重新站起来，迎接他的往往是清朗玉宇和绚丽彩虹。

贝多芬是西方古典音乐中的恺撒。他4岁会弹奏羽管键琴，8岁起登台演出，有"音乐神童"之美誉。17岁时受到音乐大师莫扎特的热情赞扬"请大家注意这位年轻人，不久的将来他就会博得世界的称赞！"正当贝多芬的即兴钢琴演奏迷住维也纳人时，30岁的他患上严重的耳疾，听力直线下降，最终连窗口对面教堂的钟声也听不到了。

贝多芬一度绝望了，几乎失去了活下去的勇气，但他最终摆脱了负面情绪"我要扼住命运的咽喉，不容它毁掉我！"他用了近两年的时间，创作出第一部作品《第三交响曲》。1824年5月贝多芬不看乐谱、仅凭记忆，亲自指挥《第九交响曲》在维也纳卡德剧院的首演，听众们多达5次的掌声震耳欲聋！

失聪后的贝多芬重新站起来，在音乐的道路上竖起了自己的里程丰碑。

创伤后成长是怎样发生的？

创伤后成长是指一个人在经历重大的挫折之后发生的积极改变。它不是由创伤事件本身引起，而是在个体与创伤事件的抗争中产生的。

首先，当个体经历了创伤性事件后，会在三个方面面临挑战：管理悲痛情绪上的挑战，即如何控制和处理好自己极端负面的情绪；在人生"三观"、信念、目标上的挑战，即如何处理自己对世界的基本认识和信念的怀疑，重塑更为成熟正确的价值观和信念；在生活叙事上的挑战，即如何在讲述自己的故事时，直面创伤事件，直面对人生意义的追问。在叙事中摆脱旧的痛楚，关注新的生活。

其次，经历了创伤事件的个体，大多数人会由于情绪痛苦引发反复的沉思与试图减轻痛苦的行为尝试。最初，沉思多是自动发生的，是侵入性的，表现为常常无法受控制地回到创伤情景和衍展问题的思考之中。通过情绪自我管理，或是获得外部的支持帮助，取得最初的应对成果（如痛苦情绪减轻）以后，个体的认知图式有了改变，沉思转变为更有意义的对创伤及其生活影响的主动思考。随着有意义沉思的进行，最终会获得生活叙事的新视角。

最后，当个体进入有意义的沉思后，就能更好地接受人生的种种矛盾之处，从而获得创伤后的成长、获得人生智慧的升华。人们的某些性格优点也会得到增强，并创造出积极的心理成长和变化。

珍珠是一种有机物宝石，其生成完全是来自生物体。它的诞生是来自一种水栖动物的产物，是珍珠蚌的外套膜部分细胞在结缔组织内形成的珍珠囊所分泌的珍珠质不断积累而成的。当外界的小颗粒异物偶然进入蚌壳中时，蚌就感到不舒服，为了排除这种异物刺激引起的不适，它就本能地分泌出珍珠质把这粒可恶的异物一层一层地包裹起来，最后形成晶莹润泽可爱的珍珠。

蚌将痛楚化为动力，在艰苦的磨砺中制造出无与伦比的有机物宝石，将它的灾难转换为收获，转换成更美的丰姿、更高的品质、更大的价值。这个过程并不是愉快的，大多数是很痛苦的，不舒服的，但是结果却是美好的。

创伤后成长的认知策略有哪些？

尽管名为"创伤后成长"，但促成成长的关键因素并不是创伤本身，而是尝试与抗争创伤、最终幸存下来的过程，决定了我们能在多大程度上获得成长。因此，适切的认知策略，对创伤后成长有着重要的帮助作用。

积极的认知重评策略。指的是用一种更为积极的方式去理解产生负性情绪的事件。它是一种不等到对情绪做出反应，而是在产生和接收情绪之时，就对情绪进行重新解释的"先行关注"的情绪调节策略。认知重评是让创伤性事件的个体经历者感到强大、能够控制和管理艰难情境的最有效认知策略。认知重评的过程包括：当我们遇到负面情绪事件时，先试着识别并打标签，如"我开始有愤怒的情绪了"或者"我感到非常焦虑"。然后重新分析这件事对自己的影响，以积极的、乐观的视角去叙述和评价创伤，分析它对自己现在和今后人生的积极意义。

接受式应对策略。指的是在应对创伤性事件时，要平静地接受客观上已经发生的灾难性事件。接受不能改变的事能够促进创伤后成长，相反，如果对创伤性事件表现出否认、愤怒，则不利于个体积极的成长。

追求意义感策略。快乐感和意义感往往并不重叠，并不是快乐感高的人意义感就一定高。意义感可以在逆境中维持信念。如果个体具有较强的意义感，觉得世界是有意义的，正面和负面的经历都是有意义的，并且愿意去追求意义，认为具有挑战性的情形也值得为之投入，那么他们就会更好地获得创伤性成长。

"其实那也没什么，只不过是断了一根琴弦，我还可以用剩下的琴弦继续演奏啊。这就像我们熟悉的许多遭受不幸的人，其人生依然可以是美丽无憾的。"这是著名小提琴家欧尔·布里答记者问时说的。

当时，欧尔·布里正在巴黎一场大型音乐会上进行小提琴演奏，突然一根弦断了，他心头一愣，但随即继续从容地一曲接一曲地演奏。观众们和他一起沉浸在那些优美的旋律当中，整场音乐会非常成功。终场时欧尔·布里兴奋地高高举起小提琴谢幕，那根断掉的琴弦在半空中醒目地飘荡着，全场观众才惊讶地意识到这场演奏的更高价值，钦佩地报以更为热烈的掌声！

"只不过是断了一根琴弦"引申过来的"创伤后成长"认知就是：

我们还掌握着绝大部分的完整，足以让我们成功演绎自己的人生。

青春期危机的内涵是什么？

青春期，原意为"成熟年龄"或"具有生殖能力"，是人从少年向青年的过渡期，是人生长发育的第二个重要阶段和最重要的时期。世界卫生组织把青春期框定在 10 岁到 20 岁年龄段。在我国，一般是指中学生这个阶段（12—18 岁）。这一时期，由于性生理的成熟，会经由异性疏远期、异性吸引期，进入爱慕异性期。少男少女们会表现出性心理发展的一些特征：性意识的朦胧感、对性知识的好奇、性情感强于理智、性心理矛盾多变、出现性模仿与尝试行为。

少男少女性心理发展，既是自然纯洁的，又是微妙、细致而复杂的。教育者对此应有充分的敏感性，教育内容要有针对性。

在人的生命发展周期里，青春期虽然时间不长，但潜伏着不少成长的危机。通常讲的青春期危机，是指青少年在青春期的生理、心理趋向成熟的过程中，受到多种因素的影响，出现性意识不健康、性角色混乱、性情感体验和性行为异常的不健康成长状况。青春期危机是青春期性成熟过程中，悦纳性身份、控制性行为、体验正常情感、发展性意识失败的表现。

精神分析家朗克说过："今日的儿童所必须经历的儿童时期，事实上比人类有史以来任何时代里的儿童所经历的更要显得危机重重。青少年生理性成熟提前和社会性成熟滞后，是他们面临危机的原因之一；性知识的缺乏、科学的性教育的缺乏，是他们面临危机的原因之二。"

青春期危机的表现有哪些？

青春期危机的表现主要有：焦虑症、性幻想、早恋、性异常、性骚扰等。

焦虑症：一些青少年因为不能很好地适应青春期的身体和心理急剧变化，不了解基本的生理发育知识，而感到迷盲、困惑、恐惧、焦虑。出现臆想丑陋、自慰焦虑、经前紧张、疑病苦恼、对异性过度敏感、社交恐惧等，严重时会发展为焦虑症。

性幻想：青春期的少男少女偶尔出现性方面的梦幻心理是正常的。但如果沉溺于性幻想，接受过多的性刺激的信息，不有效控制和调节自己的行为活动，则会引起心理矛盾，出现病态。

早恋：指的是青少年在中学期间不该产生的一种过早的异性恋爱行为。早恋往往出现在15、16岁以后，进入青春后期的一些男女学生在对异性好感的基础上，逐渐由对群体异性的好感转向对个别异性的依恋，形成一对一交往的"专情"行为。早恋会影响青少年的身心健康发展，早恋本身也是不成熟的。

性异常：它是指性别角色、性爱对象、性目的、性欲满足方式等性心理和性行为偏离正常轨道。青春期的性异常类别有：性别角色认同障碍（在心理上否认自己的生理性别）、性倒错（恋物癖等）、窥阴癖、同性恋、手淫等。

性骚扰：指任何不受欢迎的，具有性意味的言辞、行为或性要求。性骚扰的形式主要有：不受欢迎的、强加于人的举止，如不停地邀请异性约会，或阻挡去路，以及不受欢迎地故意擦撞、搭肩、勾手、亲吻、抚摸或拥抱；语言或肢体上的表示，如不断重复使用一些令人生厌的亲昵字眼、暧昧地询问个人隐私、说一些黄色笑话或色情言语、做出性诱惑或性调戏的表情及姿势。

青春期危机为何会具有"激情性"特点？

"激情性"意即突发性。青春期是一个情绪容易跌宕起伏的特殊时期，这一时期的孩子容易感情用事，对自己情绪的自控能力较差，对情绪造成的后果考虑不多，行为往往受情绪支配。似乎每一位适龄的少男少女都在经历着一场情感的急剧变化，激昂充沛的情感时不时地附体于他们身上。他们会因为某位偶像、某个电影，甚至一段音乐、一张照片或一只小动物就产生难以名状的强烈的情绪体验，出现狂喜或大怒。同时，冲动性的情感经常以突然爆发来呈现，有时一件轻微的事情就会突然引起强烈的反应。

Y某某，甘肃省人，从 16 岁突然开始痴迷香港著名艺人刘德华，此后辍学开始疯狂追星。命运从此改变。

1997 年，20 岁的 Y某某在父母的支持下，花了 9900 元参加了一个赴香港的旅游团，却未能看见华仔。

2003 年，父母为满足女儿追星的心愿，连家里的房子都卖掉，一家人搬到了每月花 400 元租来的房子中。

2004 年，Y某某得知刘德华正在甘肃拍电影《天下无贼》后，每天从早至晚都站在居所的 8 层楼顶，但仍未见偶像。

2005 年，得知华仔住所，与父亲再次赴港，失望而回。

2006 年 3 月，父亲卖肾筹措资金都帮女儿赴港追星。

2007 年 3 月，第三次赴港的 Y某某终于与偶像有了近距离接触，还被安排上台跟刘德华交谈几句及合影拍照。第二天老父跳海自杀，留遗书大骂刘德华。Y某某埋怨刘德华，痛哭失声连呼后悔。Y某某与母亲回到兰州后，拒绝了一切媒体的采访，开始了在慈善机构做义工的生活。

青春期危机为什么会具有"文饰性"特点？

进入青春期，随着生理的发育，少男少女们的自我意识迅速发展，他们开始关注自己在其他人眼中的形象，希望自己拥有一个理想的、十分完美的形象。

而当他们感受到从身体内部萌发出来与性有关的意识和需要时，受传统文化和世俗观念的影响，觉得那是难以启齿、令人感到羞耻的，而且也与自己的"形象"不符。由此,在遇到情感的折磨或是生理上的疑惑时,他们本能地拼命压抑自己的情绪情感,掩饰自己的言行举止。

对他们中的多数人来说,即使是向自己的亲人、向自己最信赖的人倾诉,也要经历一个十分困难的思想激烈斗争的过程。他们宁愿自己独自承受这一切,也不愿说出自己的烦恼,不愿主动寻找心理上的支持,不到万不得已,是不会向他人吐露自己的真实情感或困惑的。其中的少部分人,始终拿不出如此"巨大"的勇气。所以,即便他们处于危机的边沿,也较难被发现。

这就是我们通常所讲的,青春期危机一般都会被主动掩饰,表现出"文饰性"特点的原因。

青春期为何有强烈的"逆反心理"特点?

思维的独立性和批判性是思维开始成熟的表现。随着身体的发育成熟,青春期的少男少女们由内而外地涌现出强烈的成人感,进而产生了强烈的独立意识,这对他们以后的学习、工作、研究大有益处。但也由于思维的独立性和批判性,使他们不易接受那些正确的、但未经他们亲身证实过的经验;他们希望表达自己独特的见解,希望不受约束独立行动,打心底里厌烦师长们的"诲人不倦"。他们会固执一些自认为是深思熟虑后的想法(有些是偏激、错误的)而不轻易放弃。他们对原本习以为常的"教诲"所突然迸发出的逆反心理超出大人们的想象。但大多数教师和父母仍然把他们当作孩子看待，或包办代替，或管得太多、约束太多，不给他们自主表达意见、自主体验的机会，所谓的"代沟"，所谓的矛盾即由此而来。

值得注意的是，从表象上看，青春期的少男少女们在学习、生活和交往中，虽常常不愿听取父母、教师及其他成人的意见，常常处于一种与成人相抵触的情绪状态中，有非常明显的"逆反心理"，但是事实上，他们仍然需要成人的支持和理解，尤其是在面临难以解决的困难、遭受较大挫折的时候。他们从内心仍然希望得到父母、老师的指导和帮助，就连到商店定制一套西服时，虽然嘴里嘀咕着要由自己做主，但心里却总是犹豫不定，还是希望妈妈做出决定来。在这里，逆反和依赖微妙地交织在一起。

一位女孩回忆说：我在中学时代，曾经因为"蛮横无理"而受到批评，其实我是故意装出蛮横无理、找茬作对的样子。今天回想起来，原因既幼稚又可笑：老师和同学们都认为我是什么天真的、老实的孩子，而我当时最反感的是被称为老实的好孩子。在那个年龄段，"老实的好孩子"仿佛是"无用""低能"的代名词，撕扯着我的脸面，啃噬着我的心。现在如果借哲学的表达形式来说明，也许那就是所谓精神辩证法的自我运动，即本来是自己存在的儿童，进入青春期后，不管是否愿意，都必须向为自己的存在和为他人的存在发展，于是，在主观上形成焦躁、困惑、不安和逆反。

青春期为什么会具有"自恋性"特点？

自恋是一种心理表现，每个人都或多或少的会有自恋倾向。自恋程度的变化轨迹，在人生的不同阶段表现是不一样的：在青春期会陡然出现上升，过了青春期阶段一般会下降。青春期的孩子对自我的体验和感受前所未有地觉醒，他们开始对自己产生浓厚的兴趣，喜欢思考自己的优点、缺点、特点，似乎显得十分自恋。他们的自我意识迅速发展，开始有了强烈的自我认同和被他人认同的需要。他们试图向别人展示自己最美的一面，以获得赞美、认同和接纳，以增强自信。他们非常看重他人、特别是异性对自己的评价，所以这一阶段会对自己的行为、相貌等方面看的很重。

对于多数青春期少女而言，写日记的潜在动机之一是满足自恋（老师布置的不在此列），目的是为了将来一遍遍重读今日的美好体验，以满足自恋情结。日记通常只有一个读者——作者本人，那些把日记拿出来示人的，是把她们的自恋扩大化。男孩开始主动在镜子中端详自己，也是自恋的一种体现。

自恋者自我欣赏，在乎别人是否关注自己，期望得到别人的认同或赞美，但又因为缺少与他人平等相处、沟通的能力，因此也会处在矛盾心理之中。

青春期危机产生的原因有哪些？

青春期易产生危机的原因有很多，其中"自我意识的迅速发展""自我调控能力较差""社会环境的不良影响""学校和家庭教育的缺位"是主要原因。

"对每个孩子而言，在这个时期，他必须证明他已经不是个孩子了"（阿德勒）。青春期的学生们伴随着身体急剧发育，自我意识也迅速增长，他们自我体验强烈，对自我形象的关注、自我评价的能力明显提高。但青春期孩子自我意识的发展并不是一帆风顺的，他们在强烈的独立意向中又不够成熟，夹杂着片面性和不稳定性，青春期许多令人咋舌的行为都与此相关。矛盾和挫折令他们迷茫、困惑，处理不当，就可能陷入危机之中，甚至导致心理障碍。

自我调控能力较差。青春期学生生理发展基本成熟，特别是性生理的发育和成熟，使他们积蓄了较强的能量，在生理上已具备了生殖能力和初步具备了成人的体态。但社会性发展却显著滞后，他们易冲动，受暗示性强，自我调节控制能力也往往较差。有少数学生不能以符合社会规范要求的行为，把注意力集中于学习、锻炼和正常的人际交往中以获得身心的健康发展，而是在处理学习、锻炼、与异性交往、情绪情感、个人的需要满足等各种问题时缺乏正确的认识，出现适应不良、行为失范的现象。

社会环境对学生造成的不良影响。改革开放在带来先进的科学技术、生产管理理念、市场经济的同时，西方一些腐朽糟粕的思潮也进入中国内地，一些所谓"性解放"的思潮不断腐蚀青少年。当今社会上有些网络、电影、电视、文艺作品等以不当的暴力、色情、虚幻描写、强烈的感官刺激来招徕观众，对自我调控能力较差的青春期学子成长起了负面作用。

学校和家庭教育的缺位。受东方传统文化和教育观念的影响，中国的性教育在课堂上基本缺失，青春期性教育在学校教育中没有占据应有的位置。于是性被暗暗地生长起来的色情取代，淫秽词曲代替了性教育，青春期学子合法合理的好奇心偏离了正常轨道；家庭应该是孩子首先接受性教育的场所。在家庭中对青少年进行性教育，具有个别性、示范性、高效性的优势，但家长们同样囿于传统文化观念的影响，使得家庭性教育也出现缺位。

青春期高危学生的类别有哪些？

缺乏父母关爱的学生。亲子关系不良，使处于青春期的孩子那种与生俱来的爱与被爱的需要和安全的需要在家庭中得不到满足，心理失调和情感压抑促使他们从社会上，从异性那里寻求满足。这种寻求如果受到家长、老师的阻挠，青春期的违抗性特征会使他们变得更加叛逆，做出一些负面行为，出现青春期危机。

遭遇恋爱挫折的学生。青春期的恋爱因双方的年少幼稚、不成熟，往往夭折。在失败之后，又由于自我控制、自我管理能力弱，很难正确处理。在学习、社会交往、行为，甚至个性方面会受到严重影响，陷入成长发展的危机之中。

性早熟的少女和性晚熟的少男。早熟女生的发育比同伴提前1到2年，难于从同伴处获取得帮助和支持，她们会因为独自面对同伴尚未经历的生理、心理变化，而感到害羞、紧张、焦虑、恐惧。如果得不到良好的教育引导，就可能使她们出现心理危机；较晚发育的男生由于身体、心理、力量上与伙伴们有较大的差异，在群体中往往会被歧视，导致他们缺乏自信，从而情感压抑，行为退缩，陷入成长发展的危机。

缺乏青春期相关知识的学生。一些学生由于对青春期生理、心理变化发展的知识一无所知，因而产生强烈的焦虑、紧张和恐惧情绪。有的男孩女孩把遗精、把月经初潮当成严重疾病，陷入极度恐惧之中。有的孩子把对异性的朦胧喜欢、把手淫看作道德败坏，陷入羞愧自责之中，出现了学习和生活中的惶惶不安。

俊男靓女，或才华出众的学生。漂亮少女、英俊少男，学习成绩佼佼者、运动场上叱咤风云者，容易受异性青睐，引起异性的注意和追求。青春期的他（她）们，如果自律能力差，不能理智地控制自己的行为，又缺乏良好的教育引导，就有可能会陷入早恋危机之中。

茨威格小说《一个陌生女子的来信》：中年作家 R 收到一个陌生女子的来信，信中诉说了这样一个故事：一位痴情的少女，从十三岁起就暗恋上了住在她对门的、当时还年轻的他，后来她随母亲搬了家。即便如此她"一个人坐在家里，一坐几小时，一坐一整天，什么事也不做，就是想你，把成百件细微的往事，翻来覆去想个不停，回想起每一次和你见面，每一次等候你的情形，我把这些小小的插曲想了又想，就像看戏一样。因为我把往日的每一秒钟都重复了无数次，所以我整个童年时代都记得一清二楚。"……

在茨威格笔下，不是简单地推崇或反对这种爱，而是希望能在爱中保持或者发现自我。

青春期危机干预的原则有哪些？

在整个人生的发展过程中，以青春期的身心变化最为急骤剧烈。青春期的学生自我意识发展迅速，表现为自尊心强、害羞敏感、独立性较强。因此，干预者必须注意要在充分尊重、理解、爱护他们的前提下，以平等的态度和他们建立良好的关系。同时，在进行心理干预过程中，进行与生理发展、态度、伦理道德的教育指导也是必要的。虽然在心理咨询专业领域强调咨询过程中的价值中立，但对于未成年学生的咨询，我们需正视"指导"的必要性和重要性。

青春期危机往往与性有关。依据精神分析学说的观点，青少年学生性心理危机与童年期经历中被拒绝、忽视，爱的正常需要没有得到满足，以及孩童时的性游戏遭到父母、成人的责骂等经历相关，这些导致青少年在青春期发育过程中产生不必要的负罪心理与自卑心理，导致性心理和行为异常。干预者要及时与家长沟通，用"爱"和"安全"，逐步矫正孩子的心理异常，消除危机状态。同时，倡导正常的异性之间交往。

怎样进行青春期性心理教育？

青春期性心理教育是针对青春期的孩子生理发育和心理特点所进行的人生教育。它的目的在于解决青少年性生理迅速发展与性心理发展滞后的矛盾，解决不良的性刺激增加与科学的性教育缺乏的矛盾，解决性需求与社会行为规范的矛盾，促进青少年身心的健康成长。

在责任主体上，对青少年性心理的教育，应该由学校、家庭、社会共同承担。只有学校、家庭、社会三者密切配合与相互支持，使教育影响立体化、网络化，才能收到良好的教育效果。学校应充分发挥主导作用，从课程、加强相关教育活动的组织领导，以及指导家庭教育等方面入手。家庭应主动承担教育子女的责任，在生活上关怀、心理上沟通，处处以身作则，给予孩子正面、积极的影响。社会上各级组织、每位公民都要切实履行保护青少年健康成长的义务，优化青少年成长的文化环境。

在内容上，对青少年性心理的教育，应该从生理、心理、道德的密切联系与相互作用中去把握。教育的范畴有：进行性生理、性心理基本知识的教育；进行加强自尊、自爱、自重、自强的教育；进行包括提高性道德水平、发展健康的性道德情感、养成良好的道德行为习惯的道德感教育；进行自我性保护的教育；进行旨在增强审美观念，丰富生活内容的高雅情趣教育。

青春期性心理教育的积极后果是使青少年了解自身和异性的生理系统，了解性发育期间的身体变化，从而能够自己调整因此而产生的心理变化。

如何帮助学生悦纳自我性别角色？

青春期是性别角色发展的重要关键时期，能够了解、欣赏并接纳自己的性别角色的人，人格才能健全发展，才不会产生心理上剧烈的矛盾和冲突。

如果一个女孩在成长中一直穿男孩装、玩男孩玩具、周围伙伴都是男孩，她在成长中习得的完全是男孩的行为模式。到了青春期，她如果仍然找不到女孩的感觉，并且开始羡慕男孩，专穿男孩装，这在心理学上叫做性别认同倒错。反之亦然。少男少女不能悦纳自我的性别角色，一方面可能会使自己的自信心、自尊感降低，从而自卑、沮丧、缺乏自信心；另一方面，可能会影响自己社会角色的承当，形成社会适应不良，甚至影响成年期与异性亲密关系的发展。

悦纳自我性别角色的教育，学校和家庭都不可缺位。

学校教育要从"生命教育"角度出发，让学生欣然接受自己的性别。人类的性别受生物进化制约，每个人的性别由父母孕育，不同的性别各有其不可替代的优势，也存有不足，这是由客观规律支配的。性别虽有不同，但都可以拥有灿烂的人生。

家庭教育中，每一位家长都应为自己创造的生命负责，不要将违背自然的欲念、臆想强加给孩子，要悦纳自己孩子的性别，为自己的孩子感到骄傲、自豪！

学校和家庭都要引导孩子悦纳自我性别，发展自己的优势，按照性别、年龄、身份特点来选择服饰和妆扮自己，充分展示自己的青春美、青春俊朗，打造完美人格，快乐地学习与生活。

人生来不自由。所以我既不是乘风飞行在南大洋的信天翁，也没能当成追随洋流与磷虾、纵声于海里歌唱的大翅鲸。我甚至也没能做一个在古希腊或者魏晋时代，于思辨中获得乐趣，在竹林里和兄弟把酒言欢，潇洒行于世间的男人，只能于此时，生于此地，做一个雌性生物，以及女人。

可是我爱这个时代啊。可以做喜欢的事、成为想成为的人、穿舒服的衣服、过自己喜欢的生活，只要你愿意，你够勇敢，即使身为女人也可以没有枷锁。

搜遍从童年到成年的记忆，父母都未曾说过一句女孩子应该怎样怎样的话，他们只说，作为一个人怎样更好。所以今天我的词典里也没有这句话，不受困于性别带来的刻板印象，甚至根本不去考虑这样的问题，甚至都没有"应该"两个字。

于是走了一条少有人走的路。少年时候在舞台剧上演印第安姑娘，用酬劳行去敦煌。脚踩陆战靴，短发，玩音乐。大学选了和性别较劲的理工专业，却全国各地东西南北神出鬼没，于是有了"大鸟"这个名号，之后工作——外企工程师、项目负责、商务经理。做过编导、记者、插图、编剧，写过影评、故事、童话，在深山峡谷为学校里的孩子们建立图书馆。还做自然研究保护项目，羌塘无人区追踪过赤狐、猞猁、雪豹。走完中国的海岸线追踪候鸟，记录它们的迁徙，唔，那让我觉得自己在给地球写情书。

除此之外，设计、壁画……甚至瑜伽和拉丁教练，开公司，像在手里抓过满满当当的一大把石头。

没有想过自己是女工程师，女商务经理，女驴友。我只知道自己笨拙，要通过这样的探索，自我完成。最好的男性朋友问，你希望被如何看待？答，别把我当异性，当成个有趣的、棒的、靠谱的人。

现在看来，刻意强调什么，也是抗拒什么。大概是性别认同出了点小小的问题，曾梦想长到 1.78 米，自己做自己的男朋友，天天一副酷酷的样子——直到我在广西的喀斯特山岩间发现自己穿上裙子跳起舞来，也很好。做女生，也很好。

每种世界都有它存在的方式和缘由。我总是想知道目力所及之处的，每个方式和缘由。费曼说，一朵玫瑰除了柔软和芬芳，还有其中分子、原子、亚原子中的奇迹与美丽。这维度的拓展真让我着迷。不断通过各种方式拓展对世界和我自己的理解，是生命里的核心原动力。然后不经意找到现在喜欢做的事——那是我的一部分，我塑造它，它就是我。性别退居其后。在每一段探索中深深的自省，悦纳自己，不止性别。

刚硬决绝如我，并未在错误显现时妥协。欢乐自信如我，也并未在感情来临时懦怯。因为我不相信，对于女性，生活有着一把刻满"应该"的尺子，因为我相信，有一种责任，是让生命长成灵魂中向往的样子。它们都是机会，只能迎头上前，怎么舍得错过。

说了这么多自己的故事，大概是因为对道理天生怀疑。"婚还是不婚？升还是生？爱你的还是你爱的？做大树还是凌霄花？其实有什么可聊的呢，每个人想干嘛就干嘛多好。"至于我的小小女儿，击剑和芭蕾，粉色和蓝色，公主和恐龙，人鱼和星空都是她的挚爱，既不强调女性特质，也不像我妈那样反对这样的特质，人这个字里可能包含的东西和遇到的壮丽温柔与美好，比性别前置可辽阔多了。

也许会有那么一天，三月八日变得普普通通，女性怎么怎么不再是一个话题，更不成为问题。这样我们都会离自由，又近一些。

——《大鸟的手记》（节录）

什么是青春期"丑形幻象症"？

"丑形幻象症"又称为体像障碍症、畸形恐惧症、美丽强迫症等，是指个体躯体外表在客观上并不存在缺陷，或者有极其轻微的缺陷，但其主观想象具有奇特的丑陋而产生的极为痛苦的心理疾病。会有不可忍受的丑陋缺陷感，导致社会性的逃避，甚至因自己外表"丑陋"痛苦不堪而有自杀的企图。此类心理疾病对患者的身心健康危害极大。

"丑形幻象症"大多发生在青春期，并不是因虚荣或是过度自恋而致病。引起丑形幻象症的原因比较复杂：青春期因素，由于青春期的学生将很大一部分注意力投射到自身，自己身体的细微变化都可能被注意到，甚至被夸大。个性因素，个别学生过分追求完美，对自我形象要求比较高，另一些学生性格内向，不善言语，容易受暗示，有自卑、敏感、胆怯、多疑等性格特征。社会文化影响的因素，当今社会传媒在商业资本的运作下，对"美"进行刻意的、片面的，甚至是畸形的宣扬，导致青年学子对美的理解出现偏差。高度发达的社交网络所传递的同龄人"完美无缺"（PS 过的）的照片，更使患者体会到自己的"不完美"。最后，基因因素、早期的生活经验、家庭的不良影响，都可能是致病的原因。

阿莲娜是一个皮肤姣好、明眸皓齿、五官端正、十分漂亮的英国女孩，可她觉得自己很丑、奇丑无比："我认为让其他人看到我的脸是很可怕的一件事，因为它真的是太恶心了"。好多姑娘照镜子可能是在臭美，而她从自己的脸上看到的却全是缺点："我的脸上全是色斑，但我妈妈说她看不到。我看到我的皮肤皱巴巴的而且都是斑点。我看我的鼻子不仅大而且还不直，它还那么明显。我的眼睛太小了。"

她为了掩饰自己的那些"缺陷"，每天花四个小时化妆，可即便是这样，她出门还是会感到焦虑。

阿莲娜还是一个 14 岁的女孩时，她是很乐意跟家人一起拍照的，但不知从什么时候，事情开始发生了变化：她总是怀疑谁在看她，谁在笑话她。15 岁的时候，她开始拒绝去学校，阿莲娜的母亲开车把她送去学校，但她却不肯下车，有时候一天要往往返返送她 8 次。

阿莲娜变得越来越孤僻，而母亲也对她的变化感到心痛："一个优秀、自信的孩子彻底崩溃了，可她又走不出困境，整天躺在床上。这太令人伤心了，这么聪明美丽的孩子，问题到底出在哪里？"母亲斯嘉丽伤心地说到。

母亲花费了很长时间，带着阿莲娜到处求医，但多被误诊为青少年焦虑症和社交焦虑症，遑论对症医治。"也许真的是我太自恋太注重外表了？"直到最后，她才被伦敦南部莫兹利诊所确诊为所患的是体像障碍症（Body Dysmorphic Disorder），简称BDD。

"这是所有精神疾病中的风险最高的一种问题"医生说，"它会给患者带来过分的苦恼——严重的焦虑、严重的羞耻感或抑郁症——而且它干扰到人的正常机能，伴随着极高的自杀风险"。

所幸，阿莲娜通过治疗，开始慢慢地接受自己的"不完美"。

这天，BBC第四频道《人无完人》录制组请来了摄影师为阿莲娜拍照，目的是提高公众对BDD的认知。对BDD患者来说最怕让别人为自己拍照，因为这"完全脱离自己的掌控"，阿莲娜的母亲怕女儿挺不过这一关，"她不喜欢照片"，斯嘉丽说，"但不是照片的问题，她是不喜欢照片中的自己。"

不过阿莲娜还是克服了内心的艰难，同意了拍照，并慢慢地逐步接受了照片中"不完美"的自己。起初，她这样评价照片中的自己："我的眼睛是斜的，我的手和手臂看起来真的又粗又壮。我的鼻子看起来歪了，我的脸不对称。我不知道自己还能不能用积极的态度看待自己。"她还是对自己不满意。然而可喜的是，随着时间的推移，她逐渐能够接受照片里的自己了。最后她把照片放在了客厅中——要知道，她以前可不是从来不允许母亲在客厅中放任何有关她的照片。

后来，阿莲娜恢复得很好。她在大学里学习心理学，希望读博继续攻读BDD，希望成为一个认知行为治疗师帮助更多患此病的人。

如何对青春期"丑形幻象症"进行干预？

　　从预防角度，要给予广大学生以躯体外表生长变化的相关知识。让青少年明白人的躯体外表主要取决于遗传、营养、体育锻炼，很难受个人意志的支配。受人体生理发育规律的支配，躯体外表的变化一般要历时四年左右完成。在这期间，面部轮廓、身高、肢体、第二性征等逐渐发生变化，如果出现轻微不协调也是暂时的、正常的现象。此外，"相由心生"，修养、学识、气质，也会在一定程度上影响人的形象。要鼓励学生平时多运动，多交朋友，多和朋友们交流，让自己的性格变得开朗一些。朋友多、性格开朗、要做的事情多，自然就会减少胡思乱想。

　　从干预角度，对青春期"丑形幻象症"患者主要可采用认知疗法（症状严重的要及时转介）。个体生来就具有理性和非理性两种倾向性，非理性思维引发了个体的情绪困扰和行为问题，患者大都是受自己的非理性认知支配，进而产生了抑郁、强迫、焦虑、恐惧等消极情绪。干预者可采用认知技术来消除患者非理性认知，改善情绪，以积极的认知、合理的思维方式和理性观念取而代之，由此使患者的心理臻于健康。要帮助患者逐步悦纳自己。

　　台湾著名作家廖女士的自述（节录）：

　　许多人看到今天的我，都会以为我从小就充满信心。我必须坦诚，其实是完全相反的。小时候每当有亲戚朋友到家里，看到我们长相迥异的三姐妹，总十分惊异，而父母的介绍永远千篇一律："这是老大，最乖，最会读书，最体贴；老二最漂亮，歌喉最好；老三最可爱，皮肤最白最漂亮。"因为我根本算不上漂亮，所以父母才用"乖"来介绍，避免我伤心。我很庆幸的是父母给了我很好的天赋，除了读书过目不忘，从小我就一直拿作文比赛的第一名，并代表学校出去参加比赛；此外，我的画也画得很好，这些都是得自于父母的遗传。到现在，我一直很感谢父母，虽然他们没有给我姣好的脸孔，美好的身材，却给了我一些较为特殊的天赋。

记得念高中时，回家的路上常有个男生尾随，在我周围晃来晃去，一天，他骑自行车故意把我撞倒，当时我非常生气，骂他瞎了眼。那时，我一点也没想到他对我有什么企图，因为高中时代的我，对自己的外貌实在太没有信心了。上大学后，我竟然收到一个男生写来的情书，因为怀疑这男生是否送错人，所以只好把它收藏起来。后来又收到另一个男生送到的 12 朵玫瑰花，因为对自己的外貌还是没有信心，也吓得躲得远远的。

大学毕业后，我想进一家广告公司做事，一位长辈跟我说："这家公司所用的职员个个如花似玉，和电影明星一样，你不一定有机会可以录取喔"。我当时心想我应征的企划撰文，凭什么要脸蛋漂亮？我决定去试试。经过三关考试，一个星期后，我收到录取通知单，报到时，我觉得非常光彩，因为在新职员介绍会上，全部新人都是由人事经理介绍，唯独我是公司负责人特别亲自介绍。他说："你们都知道我一向的用人原则，但大家知道，我为什么要用她吗？因为她有一个漂亮的大脑。"从此以后，我在广告界 13 年，赢得"文案全才""快手辉英"的美誉，自基层做到高级主管。

在广告公司，有各式各样的男士，用各式各样的理由接近我，我开始问自己:"我到底是一个什么样的女孩?是不是我父母定位的那个其貌不扬的女儿?" 经过许多事后,我发现人们真是各有所好,你的个性、你的温柔,种种体贴人的特质,甚至一颦一笑,都可能吸引异性。因此,任何人只要不断地往自己的身上做正面的投资,如知识、艺术修养、待人处事的诚恳等等,这个人绝对会变成一位有魅力的男性或女性,所以绝对不要妄自菲薄。

如何应对和干预青春期早恋问题?

"早恋"是对青少年过早陷入感情"过密交往"的一种批判性称谓。"早恋"现象的产生,具有多方面的原因,包括个体生理发育的引发,社会文化中的负性影响,家庭的情感忽视和学校性教育的缺失等。在学生"早恋"问题上没有必要过于紧张,在应对方面宜疏不宜堵。

珍视和培养理智情感。在青春期,异性之间的爱慕和憧憬虽然是基于生物学的"补充要求",但却是一种精神上的现象,是正常的,也是美好的。对于那种纯粹的憧憬,最好是保持它、维系它,而不要拨开朦胧,进入其中。要教育引导学生爱护自己的名誉和人格,对异性有好感时提醒自己珍视这种感情,用理智驾驭情感。要通过生涯发展指导来引导学生把青春的精力用在学习上、全面发展、正常人际交往上。要组织青少年参加各类健康有益的活动,将剩余能量宣泄到文体艺术中去。

加强性生理和性心理教育，发展健康的性道德情感。性成熟带来的好奇与探究，是引发早恋的生理条件，应该审慎地加强性生理、性心理教育，有计划有步骤地让青少年了解生理变化的自然规律，打破蒙昧的神秘感。性心理教育要把重点放在异性交往的伦理道德上，让青少年意识到两性问题的社会责任和后果，养成尊重他人的意识，培养责任感和自制能力。

　　提供丰富多彩的课余生活。处于青春期的中学生精力充沛、生命力旺盛，有着各种各样的需要，希望得到满足和宣泄。然而拥有中考、高考两大升学考的中学阶段，课余生活的丰富程度远比小学和大学阶段匮乏。精神文化生活和社会交往受到单调枯燥的学习的抑制束缚，课余生活单调贫乏时，生理性需要就容易被畸形地激发起来，发生"早恋"现象。因此，学校要积极开展文娱、体育、科技制作、研究性学习、社会实践等活动。通过各项有益活动，使青少年有意义、有价值地释放自己的能量。

　　对早恋者进行心理干预。干预者应设法改变早恋学生的非理性认知，如：以有异性朋友为荣"有男（女）朋友可以证明自己的魅力，增强自己的自信"，认为"谈朋友有利于两个人学习的相互促进"等。通过对这些非理性认知进行盘诘、分析或自我对话，最终达到以理性认知替代非理性认知的干预目标。干预者也可以采取转移注意的方法，使学生把能量、把注意力重新进行合理分配，不要过多分配到异性关系，要更多地分配到涉及学习、锻炼和正常人际交往等活动中。

如何识别学生的早恋？

青春期学生"早恋"行为的识别。一般来说，陷入早恋的学生，其心理和行为上通常会出现一些变化。一是特别注意外在形象：女孩爱打扮，很在意自己的发型、服饰，或者开始化妆；男孩突然爱整洁，讲穿着，注意修饰自己。二是学习生活规律出现变化：对一些事情心不在焉或显得心事重重，学习成绩突然下降，回家比较晚，对零用钱的需求比较高。三是行为方式发生变化：或喜欢一个人独处，或不愿呆在家中。打电话、写日记、发微信等处处显得谨慎小心。四是情绪突然变化：如原来比较活泼开朗的，突然变得沉默寡言了，原来性情比较内向沉稳的，突然变得喜爱说笑了。

在早恋的萌芽期，情感投入较少，及时干预比较容易见效，而且对学生的情感心理伤害也相对较小。

如何帮助学生避免早恋？

学生异性之间的交往是一个既敏感而又不能回避的问题。我们反对早恋，但提倡异性同学间的正常交往。因此，要引导青春期的学生正确把握异性交往的一些准则：

正常、自然交往。在与异性同学交往中要与对待同性同学一样，做到正常交往、真诚相待，言谈举止要大方，要自然得体，既不要过于拘谨，也不要过分随意。不夹带私心杂念；集体活动为主。正常地参加有异性参与的集体活动，扩大异性交往面，避免因为过于频繁亲密的单独接触，而萌发的早恋，或出现不想遇见的尴尬局面；适度交往。男女有别，和异性交往的程度和方式要适度：不要和异性同学动手动脚，不要讲过于亲昵的话，不刻意选择避开他人的场所单独交谈，不要在夜深人静、偏僻的地方见面，等等。

如何应对青春期失恋的危机？

宣泄情绪或转移注意。"从此无心爱良衣，任他明月下西楼""阁道峻赠，似我回肠恨难平"。失恋对青少年是一种严重的打击，或羞愧难当、陷入自卑和迷茫，或产生极度痛苦、愤怒的情绪。为防止出现攻击报复他人、迁怒他人，或自伤、自杀等，干预者应引导当事人采取适当的方法进行宣泄。比如，痛哭一场、参加体育锻炼、向亲朋好友倾诉，以宣泄沉积在心中的郁闷，以减轻失恋造成的创伤。也可以让家长或亲友陪同，到名山大海中去感受大自然的广阔与伟大，从而体会到自己的失恋不过是沧海一粟。

进行认知重建。认知是情感和行为反应的中介，引起人们情绪和行为问题的原因不是事件本身，而是人们对事件的解释。失恋者的非理性认知，是早年在挫折、失败基础上所产生的功能性失调假设的重新激活。干预者要通过会谈，引导失恋者自行验证其非理性认知的不合理性，然后以理性认知替代非理性认知。亦可以"塞翁失马，焉知非福"为例，用逆向思考法来改变非理性认知，从而改变失恋学生的情绪和行为，恢复心理功能甚至超越原有的水平。

给予社会支持。失恋的学生常常会有脸上无光、无地自容的自卑体验，并因无助而消沉。干预者在帮助其重建认知的同时，要联系任课老师、同学好友，联系家长（通过家长再联系亲友），给予处于失恋危机的学生以理解、支持和爱。社会支持是使失恋学生心理危机获得解除的重要环节。

爱情与面包的故事：

爱情穿着洁白的婚纱礼服在人世间行走，在街边华贵的橱窗里瞧见了白胖胖、傻乎乎的面包，心想，搞错了吧？这么没情调的家伙居然占据着豪华地段的高雅橱窗！她凑上前去对面包说："喂，傻胖子，谁让你躺在这里的？"面包不气不恼，微笑着答道："人们可喜欢在这里遇到我啦，我不躺在这儿躺到哪去呢？""哼！咱们打个赌，看看人们到底喜爱谁？"爱情化身为一个美丽而特别的爱情小天使微笑着站在了橱窗里，面包笑眯眯地离开了橱窗，隐身在一旁观察。

不久，橱窗前来了一个小男孩和一个小女孩，小女孩："哥，怎么不见面包了，这个是什么东西啊？"小男孩看着铭牌回答"这是爱情。""好美哦，就买她回去吧！""不行，不行，爸爸就是被爱情抢走的，妈妈到现在还不高兴呢！"小男孩急忙摆手。

一对中年夫妇，拎着大包小包的东西来了。"这是一对会过日子的夫妻，"爱情心想，"他们一定懂得什么叫爱情。"谁知女人很失望："这里怎么没有面包？""那我们再找另一家吧，孩子等着吃呢。"男人伴着女人走了。

过了许久，来了一对老夫妇，老妇人高贵优雅，老头儿温文尔雅。爱情暗忖，"这两位老人会真正了解爱。"没想到老妇人看了一眼，对老头儿说："现在爱情到处乱摆，算什么爱情啊。""是啊，还是面包实在。"两人转身走了。

爱情终于忍不住，放声大哭起来。她悲伤地哭道："这世间就容不下爱情了吗？"但是没人能回答她这是为什么。

事实上，生命中爱情很重要，但不是唯一，爱情只是生命绿树上斜伸出的一根枝条，她有理由成为生长得最茂盛的一根，但是，她并不是生命本身，她并不是放弃生命中其它要务的理由。真正的生命，不仅仅是纯净与空灵、美丽与诱惑，还有欲望与挣扎，有权衡与无奈，这才完整。

面包和爱情并不是对立的矛盾，而仅仅是生活的两个侧面、两个层次。

如何指导正确的异性交往？

青少年独立自主的意识日益增强，又由于生理和心理发展还不够成熟，容易在与异性交往中产生各种矛盾和困惑。于是，对青少年异性交往一事众说纷纭，不一而是。实际上，青春期男女生的交往不仅是正常的，而且有助于青少年身心健康成长。善于异性交往的人比那些少交朋友或只有同性朋友的人，在个性发展方面更完善，思维情感更丰富，自制力更强。他们都具有较高的心理健康水平，容易养成积极乐观、慷慨大方的性格。这些人际关系的交往不仅影响着青少年心理及个性的形成与发展，而且直接影响着青少年今后的成长道路。因此，学校老师和家长不可因噎废食，一味封堵，而是要指导青春期男女生，在注意把握以下原则的情况下与异性正常交往：

丰富多彩的人际关系是每一个人的正常需求，应培养正确的交往意识，尽量淡化对方性别的差异，要保持纯洁的思想。

把握交往的分寸，在交往时要尽量避免男女同学过分单独接近。在谈话时要做到分寸适度、落落大方、态度诚恳，若是某些言谈举止不被异性所接受，要有效地控制这些不良言行的再度出现。

更多地在集体活动中（父母放心，老师支持）进行正常异性交往。集体交往的方式可以是多样的，如文学社团、同学聚会、社会调研、小组郊游等。男女同学可以在活动中互相帮助，共同学习、共同进步。

中小学生自杀由哪些因素促成？

自杀是一种自我毁灭的行为，是个体蓄意选择中止自己生命的行为。据统计，自杀以 15—25 岁为高峰期。但近年来年龄有提早的趋势。

一般来说，自杀多是由于自身因素及环境影响所致。学生在自杀人群中占有相当重的比例，这与学生这一群体特殊的身心发展特点有关，与学生的年龄契合自杀的高峰期有关。学生正处于个体身心发展的时期，面临考试、升学、乃至恋爱等诸多人生选择，因而是最易出现心理冲突的"危机期"。另外，从学生个体的人格特质来看，如果是心理不健全、性格内向、自我封闭或冲动、偏执的人，一旦遇到问题有可能产生轻生念头，因此，针对这类人群需要给予更多的关注。最后，家庭不和睦、疾病痛楚折磨、压力负担过重、人际关系不和谐等都可能成为导致自杀的因素。

自杀也具有一定的模仿性。《少年维特之烦恼》一书曾引领青少年自杀潮，泰晤士河上的波利菲尔大桥、旧金山金门大桥、日本华严瀑布的悬崖都曾经是自杀者的"圣地"。

男女生自杀比例无明显差异，但男性多选择激烈的方式自杀，故成功率高于女性。

《少年维特之烦恼》是德国作家歌德创作的中篇小说。出身富裕的中产阶级家庭、受过良好的教育，能诗善画、热爱自然、多情善感的少年维特，在初春的一天，来到一个风景宜人的偏僻山村。山村的一切如天堂般美好，青山幽谷、晨曦暮霭、村姑幼童……这些使他感到宛如生活在世外桃源，忘掉了一切烦恼。没过多久，在一次舞会上，维特认识了当地一位法官的女儿绿蒂，便一下子迷上了她。虽然绿蒂早已定婚，但对维特非常倾心。舞会结束后，维特深深陷入感情的漩涡中。

从此以后，尽管日月升起又落下，维特却再也分不清白天和黑夜。在他心中只有绿蒂，而姑娘已同别人订婚。爱情上的挫折使维特悲痛欲绝。之后，维特又因同封建社会格格不入，感到前途无望，最终在圣诞节前的一天，与心上人绿蒂作最后的诀别。两天后，他留下令人不忍卒读的遗书，午夜时分，一声枪响，他结束了自己的生命，同时也结束了自己的烦恼。

对于学生自杀事件，学校有可能预防吗？

对于学生的自杀事件，学校的预防不可能百分之百有效，但能够在一定程度上减少自杀事件的发生。

从选择自杀到最终真正实施自杀，一个人往往要经过自杀意愿萌生期、自杀意愿彷徨期、自杀决定确定期三个阶段。在萌生期，自杀者因各种心理压力和各种困扰而出现消极人生情绪，自认无价值，活着无意义。当心理状态脆弱，感到无助、绝望时，试图采取自杀的形式来"保护"自己。萌生期虽可能有情绪低落、抑郁、孤独、沉默寡言等表现，但不易被他人发现；在彷徨期，自杀者往往处于彷徨不安的心理状态中。会开始考虑自杀方式、自杀后果、自杀感觉、自杀不成后造成残废的各种可能，试验性割腕是自杀者选择生与死强烈的冲突；在确定期，自杀者经过激烈的生与死的心理抉择后，如确定自杀，那么自杀者往往会有反常表现。虽有遇事不顺当天就自杀的，但多数会有半年以上的心理过程，因此，从时间角度讲，预防还是有可能性的。

谈论自杀或写自杀日记的学生确实处于危险中，但他们通常对死亡或生存又充满矛盾的心理。有自杀意念的学生想用死来结束痛苦，但又希望出现某件事情或者某个人来改变这样的状况，希望得到理解和救助，使他们的生活出现决定性的改变，使他们能够继续活下去。因此，从心理救援角度讲，干预是有可能有效的。

学校对于学生自杀事件的预防，主要可以通过开设生命教育和心理健康教育等有关课程，从教育角度提高学生对自杀预防的认识；鼓励学生寻求帮助的行为，要让学生知道学校及社会有关心理咨询的热线电话，以供在发生心理危机时，能寻求有效的社会支持；帮助学生提高对自杀风险的识别，即识别"警告征象"，做到自助助人。学校还可以通过对学校教职员工的心理健康知识培训、给家长开设心理健康知识讲座等方式，更广泛地推进学生自杀事件的预防工作。

有位客人到朋友家里去作客，看见主人家的灶上烟囱是直的，旁边又堆有很多薪柴，就告诉主人说，烟囱要改曲，木柴须移去，否则将来可能会有火灾。主人听了没有做任何表示。

不久主人家里果然失火，四周的邻居赶紧跑来救火，最后火被扑灭了。于是主人宰羊烹牛，宴请四邻，以酬谢他们救火的功劳，但是并没有请当初建议他将木柴移走，烟囱改曲的人。

有人提醒主人说："如果当初听了那位先生的话，今天也不用准备宴席，而且没有火灾的损失，现在论功行赏，原先给你建议的人没有被感恩，而救火的人却是座上客，真是很奇怪的事呢！"

主人顿时醒悟：能防患于未然之前，更胜于治乱于已成之后。赶紧去邀请当初给予建议的那个客人来喝酒。

自杀前学生有哪些语言征兆？

多数自杀的学生在自杀前清楚地表达过自己想自杀的意图。有的自杀学生直接向周围人透露自杀念头，有的则通过暗示或开玩笑的方式透露出来的。

常用话语："活着没意思，不如死了好。"有自杀意念的学生在语言上会以失意的、灰冷的词汇来表达。学校教师和家长要对以下这些语言有所警惕：

直接地、反复地说这样的话：我希望我已经死去；我再也不想活了；你们不管我，你们会后悔的；你们不该生我，我还是死了好；我该怎样死才能最好看？

间接地、不分场合地说这样的话：我所有的问题马上就要结束了；现在没有任何人能帮助我了；活着没意思，不如死了好；没有我，你们会生活得更好；我的生活一点意义也没有；我再也无法忍受了！

以上的语言表述在一个学生的身上表现得越多，在短期内采取自杀行为的可能就越大。

自杀前学生有哪些行为征兆？

反常表现往往是自杀者重要的自杀预兆。有自杀意念的学生在行为上会以极端的、无常的方式来表现。学校教师和家长要对以下这些行为有所警惕：

收集与自杀有关的方式并与人探讨；进行一些莫名的安排，如分配个人物品，把自己珍贵的东西随意送人；对身体进行自伤、自残，或在身上做标记；突然开始忽视个人外表形象，持续厌倦，注意力不集中；突然发生的性格转变，或者反常地停止自己平时习惯的行为。发生攻击性行为或闷闷不乐，或者突然从事高危险性的活动；流露出绝望、无助的情绪，精神恍惚、自言自语、哭泣烦躁不安、对自己或这个世界感到气愤，将死亡或抑郁作为谈话、写作、阅读的内容；学习质量突然显著恶化或好转，慢性逃避，或拖拖拉拉，或突然出走；出现与情绪有关的躯体特征，如进食障碍、失眠或睡眠过多、慢性头痛、胃痛、月经突然失调、对有趣的活动失去兴趣、社交活动减少；反复玩破坏性的游戏或者重复不现实的游戏，暴躁，无法忍受表扬或者嘉奖；焚烧自己的日记、照片、以及其它与自己有关的文字资料；写遗书、绝命书。学生自杀时写的遗书内容多为告别，也常表示愤怒、复仇、敌意或失望的情感等。

以上的行为在一个学生的身上表现得越多，在短期内采取自杀行为的可能就越大。

对学生可能的自杀，心理学上有哪些专业预判？

北京自杀研究及预防中心曾和中国疾病控制预防中心共同研究，得出导致自杀的 9 项重要预测指标（按重要性由大到小排列）：

死前两周抑郁症状测试分很高；曾经自杀未遂；自杀时有急性应激事件；死前一个月以上的时期内生活质量差；死前两天有严重的人际冲突；严重的慢性刺激；朋友或有关系的人曾有自杀行为；血亲中曾有人有自杀行为；死前持续一个月以上的时间社交水平差。

专业预判的结论是，超过 4 项指标就有可能实施自杀。这些研究对于中小学预防自杀有着重要意义。

海明威是 20 世纪最著名的作家之一，曾获得过诺贝尔文学奖和普利策奖，其作品《老人与海》《太阳照样升起》《永别了，武器》脍炙人口。1961 年 7 月 20 日清晨开枪自杀身亡，终年 61 岁。海明威的父亲因不堪生病的痛苦折磨而用左轮手枪对着脑袋自杀，一个兄弟、一个妹妹、一个孙女也是自杀死亡，有明显的家族史。海明威长期患有抑郁症，曾接受过多次电抽搐治疗。即使在自杀前他还在明尼苏达州罗切斯特市的 May 诊所接受治疗，但回家的次日便使用一杆双筒猎枪，在家中的窗边凝望着远处的群山开枪自杀。

遇有学生谈论自杀时应采取怎样的应对策略？

首先是要甄别该学生谈论自杀是认真的还是在开玩笑。对于判断下来是认真的、以及难以判断真伪的，都必须高度重视，不要低估或轻视。

保持镇静，鼓励学生倾诉。要认真、耐心、细致地倾听，在倾听的过程中引导学生谈出危机的触发事件，学生的感觉、情感，自杀的计划、方法与时间，同时收集其信息资料，如姓名、班级、住址、父母姓名、联系电话等。

表达你的同情、你的爱，让他感到被爱，不要让他独处或简单送走了事。

不草率地对待。可以承诺保密，但对于特殊情况则不能保密（如可能自杀，或对他人、对公众利益可能造成危害等），要及时向有关部门或家长反馈所了解到的信息。

学校如何对自杀事件进行一级预防？

学生自杀事件的预防分为三级。一级预防对应的是自杀潜伏期，二级预防对应的是自杀萌生期，三级预防对应的是自杀犹豫期。

严格来讲，一级预防对应的不是自杀，而是针对心理问题开展教育。

学校应按规定开设心理课、组建课外心理社团、开设心理讲座等，广泛宣传心理健康知识，培养学生良好的心理素质，特别是良好的认知方式和健全的人格，提高学校教师和学生，乃至家长的应对挫折、压力、人际交往障碍的技能。

建立学校的心理咨询室，配备专职心理辅导教师，设置心理热线电话，对学生开放。

建立学生心理档案，利用相关的心理量表，进行普遍筛查。对于情绪低落、自卑失助、放任冲动、角色混乱，处于亚健康状态的"高危"学生个体加以重点关注。

生病了，我们才会意识到健康的可贵；失去了，我们才会对拥有的一切心存感激。生命对每个人都只有一次，珍爱生命是人的天职。作家史铁生在双腿残废后，再没有那样贴近地死亡了，他经常去地坛，死亡的感觉一直笼罩在他的心头，但是即便如此，他最终还是选择了让自己的生命延续下去。在《我与地坛》一文中，他写道："一个人出生了，这就不再是一个可以辩论的问题，而只是上帝交给他的一个事实；上帝在交给我们这个事实的时候，已经顺便保证了它的结果，所以死是一件不必急于求成的事，死是一个必然会降临的节日。"

虽然于他，生命从未停止过风雨，但双腿残废的史铁生在生与死的挣扎中对生命做出了正确的认识。他仍努力坚持着，坚持着用自己的思维去改观自己所面对的人生，并将其记录下来，让更多处于迷惑中的人找到自己的出路。他一生的追求，试图用有限的生命找到一种不灭的信念。

学校如何对自杀事件进行二级预防？

学生自杀事件学校的二级预防对应的是自杀萌生期。工作的重点是：

积极做好那些可能有自杀倾向的学生的心理咨询工作，帮助他们摆脱由于巨大的心理压力而产生的抑郁。世界卫生组织指出：抑郁症是造成全球残疾类疾病的主要原因。根据统计，自杀的人至少有1/3是抑郁症所致。抑郁心境是一种忧伤、悲哀或沮丧的情绪体验，是一种较常见的情绪状态。当抑郁心境发展到一定程度，出现终日情绪低落、悲伤、抑郁，对日常活动缺乏兴趣、食欲不振，无价值感，对自己评价过低，有罪恶感、绝望感等特征性的症状，并持续一定时间、严重损害当事人的社会功能时，就应当考虑为抑郁症了。

在判断某学生为抑郁症时，应联系家长，给予转介建议。

在学校组织的各类积极且有意义的活动中，要注意将少数边缘化的学生融入集体，共同全身心地投入到活动之中。

在社会发生自杀事件或高危事件时，采取积极措施避免"维特效应"，防止在学生受众中出现因感应和模仿引起的传染性自杀行为。

控制容易导致自杀的物理环境，如对学校的高楼平台进行有效的管理。资料表明，城市自杀者中选择僻静楼顶跳楼的频率相对较高。

学校如何对自杀事件进行三级预防？

学生自杀事件学校的三级预防对应的是自杀犹豫期。工作聚焦于保护性措施、转介专业医院、主动进行心理干预。

如果发现一个学生同时具有很多明显的自杀倾向性的行为与言论时，学校和家庭一定要积极采取保护性的措施。保护性措施包括：在当事人的日常生活中有专人陪同，避免其单独行动，给予情绪上的积极关怀，邀请能和当事人接近的亲朋好友、长辈来陪伴，与其多交流，在可能的情况下，改变当事人的生活环境和生活规律，如请家长带其出门旅行，参加一些娱乐性的文体活动。

转介当事人去医院接受心理咨询或心理治疗。请专业心理医生给予心理危机干预等。

主动做好那些可能要采取自杀行为的学生的心理干预工作。如给予自称要自杀（确实有明显的自杀倾向）的学生"危机卡片"。要求当事人在心情极度抑郁时，按卡片上所列步骤操作：写出消极想法，特别是认知曲解的想法；告诉自己，曲解的感觉是这些不正确的想法造成的，并非真实感受；用客观实际的想法取代消极想法；告诉自己能战胜痛苦，即便是真正的悲伤也是来自曲解的思维；要看到自己的优点，自我尊重；要敢于面对现实，要告诉自己，一切都会过去的。危机卡片的使用有助于纠正当事人的"认知缺陷"。

在建立起沟通关系的基础上，要尽量让相关学生多说话、多宣泄。要让其讲出内心的"苦恼"，帮助其重建对生活的希望感，同时减少他们的无助感。

要提供给当事学生有效的社会支持的热线电话，供其产生自杀意愿时求助使用。

山脚下一个小村庄里，生活着一位饱经沧桑的老人。几十年来，老人一直与贫穷为伴，从来不知道生活富足的滋味。老人从小就体弱多病，直到壮年身体仍不好，老年更加衰弱了。几年前老伴去世以后，一双儿女也都相继死去，现在只有老人还活在人世间。

生活的不幸，使老人的面容更加苍老，本已憔悴的心灵更加空寂。老人的生活能力已经基本丧失了，但是为了维持生计，他每天也不得不干活。然而仅凭他那点能力，是养不活自己的。村子里的乡亲们看他可怜，不时地接济他一些，老人才勉强活了下来。

总是依靠别人的施舍活着，对老人自尊心的打击是相当大的，老人只有每天更加努力地去干活才使自己多少得到一点心理上的平衡。这天，老人又拖着疲惫的身躯上山去砍柴。他走得很慢，快中午才来到山上，老人稍作休息就干了起来，他只能挑一些细小的枝条砍，稍大一些的就砍不动。即使这样，当老人砍够了一捆柴时，太阳已落到山的那一边了。

老人艰难地背起这捆柴，一步一挪地向山下走去，等到他下得山来，天已经完全黑了。老人累极了，就把柴放下休息一会。

望着漆黑的夜色，老人的心里充满着忧伤。他想："哎，我这一辈子怎么就这么苦呢？生活为什么对我如此不公？难道我前世真的做了什么孽不成？我这一生连一天好日子都没过过，'快乐'的意思只能从别人的脸上去理解，'贫穷''困苦''悲伤''难过'这些词倒是体会不浅，我来到世上就是与这些词作伴。将来我的坟墓周围都不会长庄稼，因为我心里的苦水不会给任何生物以营养，它们都会苦死的！"

想到这儿，一个念头突然出现在老人的脑海，"死"或许能得到解脱，如此艰难地活着还不如死去。于是，老人索性呼唤起死神来。

墨一般的夜色中，老人耳听着松涛的呼啸，静静地等待。半夜了，死神终于来了。他披一件黑颜色的斗篷，脸色惨白，身材瘦高，神情漠然。"你为什么呼唤我来？从来没有人主动地找过我。"他问老人。

老人一看到死神，死亡的恐惧就从心底慢慢升起，听着他冰冷瘆人的话语，老人忽然感到生命是多么的宝贵，是那样的值得珍惜。他不知道自己死了以后会变成什么样子，现在的生活在他心中一下子又变得美好起来。于是，老人定了定心神，说道："我请你来，是想让你帮我把这捆柴放到我的背上。"（改编自《伊索寓言·老人与死神》）

心理危机干预人员如何现场干预自杀事件？

中小学出现有人企图自杀的情况时，要迅即组建校园危机干预组，由校长全权指挥，协调医疗救护人员、公安、消防、心理危机干预人员（专业心理咨询师）、学校安全干部等共同开展工作。

心理危机干预人员在被授权后，在进行现场危机干预时要注意以下原则：

保障企图自杀者的生命安全是第一要务。对处于心理完全失衡状态下的当事人，不宜采用命令性或控制性的语言，应采用引导性语言对当事人进行诱导，要让当事人在心理上感觉是自己在掌握主动权的同时，使其生理上得到一些放松。以争取时间。

尽快建立可以信赖的沟通关系。心理危机干预人员在开始实施心理危机干预时，必须充分利用同理心（也称共情、同感），用简单有效的对话技巧让自杀者感到受到尊重和理解，尽快建立起一种可信赖、能交谈沟通的关系。

在沟通过程中，要尽可能让当事人多说话、多宣泄。心理危机干预人员要始终保持平静的心态，要以倾听为主，要以真诚、尊重、接纳、不偏不倚和关心的态度进行倾听、观察、理解和做出语言上的反应。要让企图自杀者讲出自己现在的痛苦，帮助其重建对生活的希望感，同时减少他们的无助感。

现场危机干预的后续处理。对自杀的现场危机干预，最终结局只有两种：干预成功和干预失败。干预成功之后，必须要安排对自杀当事人的后续心理干预和心理治疗；如果干预失败，心理危机干预人员则应该进行自我心理调节。如果感觉内疚、内心压力很难摆脱，那么应该向更高层次的心理干预督导人员寻求心理援助和帮助。

校园自杀事件发生后怎样进行团体心理危机辅导？

校园自杀事件会对师生产生强烈冲击，因此应该在事件发生后的 7 天之内，最好是 72 小时内，以团体辅导的方式进行危机干预。而且，危机干预本身的最高境界就是使人们在自我伤害事件中有所学习、体会和成长，并由此更加强大。团体辅导包括：

针对全校师生的辅导讲座：向师生说明某某学生自杀的事实，强调不管因何种原因自杀，一个生命陨落了，都值得惋惜和哀悼，集体默哀 3 分钟；指出大家的震惊、困惑、不解和害怕，都是人正常的应激反应。随着时间的推移，会恢复正常；请同学们思考生命的意义，如何面对压力、挫败和打击，并加以正确引导；请全体同学一起宣誓：我们爱惜生命、珍视生命！我们努力创造美好的明天！

针对自杀目击者的团体心理辅导。重点是疏导目击者们以恐惧情绪为主的负性情绪：在说明这次团体心理辅导意图后，请每位同学谈谈看见了什么？当时的情绪是怎样的？现在还有怎样的感受？鼓励同学们说出感受，并相互抚慰和支持；讲解：遭遇这样的严重事件，害怕、恐惧、出现的各种负性情绪，都是正常的，是面对突发事件的急性应激反应。每个人的各种负性情绪都会随着时间慢慢消失；请每位同学谈论并写下自己对这件事的感受，最后将学生写下感受的纸张收上来统一销毁（粉碎机）；请同学们集体唱一首阳光灿烂的歌曲。

针对死者的同班同学进行的团体辅导，基本与针对自杀目击者的团体心理辅导过程差不多，但可增加哀悼仪式这一环节。在每位同学谈论并写下自己对这件事的感受、将写有学生感受的纸张收上来统一销毁（粉碎机）后，再给每位同学一张纸。请他们给死者写一封信，把自己想对死者说的话都写在上面。让同学按照自己的心愿把写好的信折叠成不同的样式，并统一放到一个铁箱里。在祝福死者一路走好的音乐中，大家默哀，并把信件慢慢烧毁。最后，班主任、心理教师和同学们一起围拢起来，互相鼓励，共同进行爱惜生命、珍视生命、勇于面对压力和挫折、努力创造美好明天的宣誓。

校园自杀事件后进行团体心理辅导的意义在哪里？

团体心理辅导，一般由 1—2 名心理老师主持，是一种为了某些共同目的将学生集中起来进行心理辅导的方法。

团体心理干预有着很强的感染力。自杀事件后，由于同学们遇到的危机事件类似，每个成员提出的问题都能引起其他成员的共鸣，每个成员的正确认知都可以成为其他成员的成长资源。团体的互动作用促进了成员间信息的传递传播和自主能动性的激发，能够形成团体动力，团体成员在动力的驱动下相互影响、相互作用来解决自身存在的问题。这种特有的影响力是个体干预所达不到的。

团体心理干预有着很高的效率。校园自杀事件会对师生产生强烈冲击，要让同学们心中产生的各种负性情绪得到及时的释放，心理危机干预的最佳时间是在 72 小时内，不应超过事件发生后的 7 天，要在最有效的时间内，通过心理危机干预，帮助同学们把危机状态下的应激反应正常化。而在各所学校，有经验、能够处理危机事件所带来的问题的心理老师数量不多。团体心理辅导可同时解决多个人的多个问题，缓解专业人员不足的矛盾，提高心理危机干预的效能。更重要的是，团体心理辅导还可以利用同学们的相互促动，给团体成员带来其它意外的收获和感悟，来增进辅导的效果。

最后，团体心理干预的效果更容易获得巩固。团体成员之间能讨论他们彼此之间的相互察觉，交流各自的感受，齐心协力探讨出解决问题的有效措施，相互支持，排除心理困扰，减轻心理压力，增强适应能力，使应激反应正常化。

中小学生心理危机干预的一般技术有哪些？

各种心理干预方法一般都含有以下过程：与当事人建立良好的危机干预关系，在建立危机干预关系的同时，咨询师对求助者的症状性问题、人格、应对方式、人际系统（包括家庭）、社会文化环境及资源等情况进行询问观察了解，并做出基本评判。在此基础上，逐渐增加干预成分，促进变化，直至宣布咨询关系结束。因此，尽管干预过程中所使用的具体危机干预技术，常常依据中小学生自身危机状况和危机干预工作者擅长的不同而有所差异，但整体而言，依旧离不开心理咨询中非常基础而且重要的"沟通技术""支持技术""干预技术"。

沟通技术。沟通技术用于建立和维持危机干预关系。建立和维持危机干预工作者和处于危机中的中小学生之间的良好沟通和相互信任，有利于处于危机中的中小学生重获安全感、恢复自信和减少对生活的绝望，能保持其心理稳定，并逐渐改善处于危机中的中小学生的人际关系，最终恢复正常生活。

支持技术。支持技术的应用旨在让处于危机中的中小学生表达或发泄内心的积郁，并在此基础上给予正向的精神支持和解释，树立其信心。尽可能地使当事人的情绪得以稳定，解除目前的危机。支持技术包括适当运用暗示、保证、疏泄、环境改变等。

干预技术。亦称解决问题的技术，包括帮助危机中的中小学生将危机问题与解决方法一并进行罗列分析，并在此基础上选择、制订和实践行动方案，最后进行评估总结。主要任务有：疏泄被压抑的情感、认识和理解危机发展的过程及与诱因的关系、学习问题的解决技巧和应对方式、帮助求助者建立有利的生存适应方式，尤其是人际交往关系。鼓励他们积极面对现实和重视社会支持系统的作用。

沟通、支持、干预三者之间密切相连，不可割裂。

沟通技术离不开同感、共情（又称"同理心"）。

清代和珅虽是个大贪官，是个恶名昭彰的奸佞小人，但在他人生的另一面，居然是一位善解人意的心理学大师！他的同感共情能力极强，他能设身处地体会他人的处境，对他人的情绪和心境保持敏感和理解，在与他人交流时能体会到对方内心世界的感受，并能对对方的感情做出恰当的反应：

乾隆皇帝喜欢吟诗作赋，和珅就下了很大功夫来收集乾隆的诗作，并对其用典、诗（词）风、喜用的词句了解得一清二楚，闲来还有所唱和，要知道，和珅身为一个满人，却能在诗赋上有所建树，这可不是件容易的事情！这让乾隆对他另眼相待。

乾隆的母亲去世时，和珅并不像其他皇亲国戚、官宦那样一味地劝皇上节哀，或说一些无关痛痒的话。他只是默默地陪着乾隆跪泣落泪，不思寝食，几天下来人就变得面容枯槁。能如此与皇帝同感共情的人，在满朝文武中也只有和珅一人！因此，他深得乾隆皇帝宠信。

一次乾隆出游，途中忽命停轿却不言为何，别人都面面相觑干着急时，和珅却立即找到一个瓦盆递进轿中，乾隆解手后继续起驾。一路上，所有的人全都非常佩服和珅脑子的灵活，取悦龙心有术。

乾隆是一个非常诙谐的人，总是喜欢和大臣们开玩笑。因此，和珅就经常告诉乾隆一些市井的俚语笑话，投乾隆之所好，而这些，绝对不是一般大臣所能做到的。

因此，以乾隆的英明仍然荣宠了和珅长达二十余年。

中小学生心理危机干预中，常用的疗法有哪些？

学校心理咨询机构在中小学生心理危机干预中，除了常规的"谈话式疗法"之外，还可以根据中小学生的年龄、认知水平、心理能量、支持系统都异于成年人的客观事实，针对不同的情况，酌情采用"绘画疗法""音乐疗法""游戏疗法""故事疗法""沙盘疗法""心理剧疗法""意义疗法"等疗法。

绘画疗法在心理危机的应对及干预中的功能作用？

绘画疗法是一种科学有效的心理疗法。绘画疗法认为，人们的创伤可能被压抑，用语言无法提取，还有许多情绪体验的内容本身就是前语言的，不能用语言描述，从而难以治疗。但是这些完全有可能通过绘画来表达，用图画传递出的信息常常要比语言更丰富，通过读图可以了解人的内心世界，可以读出画者的性格、情绪状态、智力、人格特点、人际交往能力。当然这种表达具有隐蔽性，但画者的任何涂抹都有着特定的代表意义，都在传递着他的个体信息。

绘画疗法借助绘画及其创造性的自由表现活动，使绘画者将潜意识内压抑的感情与冲突呈现出来，并且在绘画过程中获得宣泄与满足，从而达到诊断与治疗的效果。绘画疗法对于处理情绪冲突、创伤、丧失有很好的疗效，还可以促进自我的完善和社会技能的提高。绘画治疗还适应于不能说话或不想说话的求助者，如孤独症、失聪、迟钝、大脑损伤、妄想，对言语治疗有阻抗的求助者等。

与传统心理疗法相比，中小学生对绘画的防御心理较低，会在不知不觉中把内心深层次的动机、情绪、焦虑、冲突、价值观和愿望等投射在绘画作品中，传递情感、思想、联想或幻想，表达难以用语言描述的潜意识内容。有时也会将早期记忆中被隐藏或压抑的内容释放出来。因而，更有助于减少咨询中的阻抗，推动咨询关系的建立和发展。

绘画疗法中怎样对图画进行分析？

绘画投射出的信息是丰富的、开放的，这是其他治疗技术所不能及的优势，但它对咨询师要求很高。咨询师对绘画作品的解释应该谨慎，应该由专业人员来解释，另外，倾听绘画者本人的解读也很重要。以下几项，仅是通常情况下的分析。

"雨中之人"。画者所画的雨中之人如没有雨具、没有遮蔽之处，这些学生常感无力、无助，是环境的牺牲品；雨具不很有效，依然被淋湿。这些学生可能有焦虑，对压力有适应不良；用雨具把自己保护得很好的人，有良好的应对压力的方法。遇到作"我很喜欢在蒙蒙细雨中漫步"解读的学生，应对其压力应对方式进行谨慎的解释。

"家庭画"。一幅静态的、相互之间没有交流的家庭图，往往表明家庭成员之间可能缺乏沟通；图中若无作画者自身，一般表达作画者感受到被家庭"抛弃"；家庭成员的间距代表着相互关系的亲疏，相对位置近的表明心理距离近，相对距离远的表明彼此之间关系比较远；家庭成员人像比例的大小往往与情感有关，作画者会把对自己而言正面情感的家庭成员画得比较大，而且多为正面像。把对自己而言有负面情感的人画得比较小，有时会出现侧面或背影。

"树"。对树成长的理解，可以反映学生对成长的感受。通过画树，可以考察学生的成长历程。在实践中，画树可能更容易表现一个人对于自我负面的感受，表现较为原始、较基本的层面。

"房、树、人"。通过一幅"房、树、人"的图画，可以考察作画者的人格整合程度、对待自我成长的看法，了解作画者对待家庭、亲情的态度。

自由绘画。可以考察出作画者最主要的情结、被压抑最深的情绪、最迫切需要解决的问题等。自由绘画中表达出的信息是开放的、丰富的。由此，它对评估者要求较高，评估者对作画者经历的熟悉程度，对其它信息的了解掌握，具有重要辅助作用。

音乐疗法在心理危机的应对及干预中的功能作用？

音乐给人的体验是广博的，它可以感染、调适情绪，进而影响身体。现代心理干预中的音乐治疗是一个系统的干预过程，它通过生理、心理两个途径进行危机干预。

音乐疗法的作用主要有：

陶冶和舒缓情绪。合适的音乐能使人放松、缓解紧张、改善情绪，改善人的个性特点和行为方式。在音乐放松治疗之后，通过生物反馈仪可以看到，被干预者血压下降、呼吸和心律减缓等一系列内稳态的恢复，脑和心脏的生物电流会因音乐的变化而变化。

进行非言语的交流。音乐疗法作为一种非语言的治疗法，用歌声或音乐进行非言语的交流来帮助那些悲痛中的、不言不语不答者，在表达情志，舒缓情绪，化解激动的、思念的、悲痛的心结方面，有时比一般的心理咨询更有效。

转移消极情绪。音乐可帮助当事人淡化、乃至暂时忘却一切痛苦，转移对创伤性事件的回忆。可以为个体那些偏离客观存在甚至是错误的认知提供一个疏通和纠正的渠道，使个体重建积极的思想情绪，达到恢复或促进身心健康的目的。

此外，音乐对神经系统也有良好的作用，它可改善注意力，增强记忆力，活跃思想，启发和丰富想象力及创造力。

音乐疗法应用的方法和形式有哪些？

可以通过意象引导式音乐，干预患者心理的发展。如：对于抑郁症患者先播放最伤感的乐曲，使其产生共鸣，其后听中度伤感的乐曲，再后听稍有伤感的乐曲，再往后听中性的（既不伤感又不欢快）的乐曲，再后一次听轻度至中度欢快的乐曲，最后听欢快明朗的乐曲，最终达到从痛苦中解脱出来的目的；反之，对躁狂症患者可先播放强烈的音乐使其产生共鸣，然后逐渐转换为平静的音乐，最终使其安定下来。

可以用一些久负盛名的催眠名作，帮助应激性压力大的人群改善睡眠；可以让求助者通过演奏乐器（或参加合唱）使其恢复自信和平衡感，再通过合奏训练使其逐步恢复集体意识，乐于参加集体活动等。

在实施过程中，音乐疗法的形式可以有：唱歌、乐器演奏、音乐创作、音乐游戏等。可以是参与性音乐治疗（亦称主动式疗法），也可以是感受性音乐治疗（亦称被动式疗法）。

用乐如用药。古人早就认识到音乐与药物、与治疗之间的联系，在中国古代繁体字中，樂（乐）、藥（药）、療（疗）三字同源。据说在古代，最好的医生不用针灸或中药，而是用音乐。一曲终了，病退人安。中医的经典著作《黄帝内经》在两千多年前就提出了"五音疗疾"的理论，《左传》中更说，音乐像药物一样，可以使人百病不生，健康长寿。因为音乐可以舒体悦心，流通气血，因此中国古代宫廷配备乐队歌女，除了娱乐，还有一项重要功能，就是用音乐舒神静性、颐养身心。

音乐心理治疗分类资源参考（部分）：

催眠类——有《平湖秋月》《烛影摇红》《雨打芭蕉》《出水莲》《春思》《银河会》《军港之夜》，和肖邦的《摇篮曲》、门德尔松的《仲夏夜之梦》、莫扎特的《催眠曲》、皮尔金顿的《晚安，可爱的小精灵》、德彪西《梦》、舒曼的《梦幻曲》等。

精神抑郁类——有《江南好》《喜洋洋》《春天来了》《春风得意》、盖希文的《蓝色狂想曲》、西贝柳斯的《忧郁圆舞曲》与《芬兰颂》、莫扎特的《B小调第十四交响曲》、舒伯特的《圣母颂》、柴可夫斯基的《忧郁小夜曲》、克莱斯勒的《维也纳随想曲》等。

镇静类——有《幽兰》《风入松》《梅花三弄》《平沙落雁》《春江花月夜》《二泉映月》《塞上曲》《良宵》《仙女牧羊》《小桃红》《渔舟唱晚》及勃凯里尼的《A大调交响乐》、贝多芬的《第八交响乐》、巴赫的《哥尔登堡变奏曲》等。

游戏疗法在心理危机的应对及干预中的作用？

游戏疗法的目标是鼓励孩子（主要是小学生）在一个安全的心理环境里表达自己内心的情绪；咨询师通过与有心理问题的孩子游戏，了解他们内心的恐惧、憎恶、孤独、失败感和自责感等，从而协助他们学习读懂和了解他人、学习自我控制，也为他们的情感发泄找到一个有创造性的、有教育意义的合适的途径。

"办家家"游戏。儿童用微型玩具、布偶摆出家庭中的事物、人物，体现人物间的作用和关系，把一个没有秩序的环境尽量安排出秩序来，尝试假想环境中的人际交流。此类游戏常用于帮助有失落感、退缩感或被拒绝的孩子。

玩沙游戏。学校的沙坑对于孩子来说具有很强的吸引力，他们用沙子堆砌心中的世界，所构筑的布局"泄露"出其内心世界的格局。在混乱的内心纠缠的情绪状态下，沙的世界也是一片混乱。但在玩沙的过程中，孩子有机会解决心理创伤，他们能在玩的过程中慢慢整理自己的世界，实现内在能量的释放、转换。

水的游戏。那些有社会性发展问题或注意困难的孩子，对于与水有关的游戏特别感兴趣。水可以用来做多种游戏，在玩水的过程中他们会获得的掌握感和成就感令他们放松。水枪喷射出的水也是一种表达攻击的媒介。

橡皮泥的游戏。随着孩子年龄的增加，沙、水的功能会逐渐被橡皮泥、乐高等其它有可塑性的材料所取代，他们通过用橡皮泥捏塑、用乐高组装各种形态的物品，投射个性的意义。

故事疗法在心理危机的应对及干预中的作用？

故事治疗是一种通过儿童所讲的故事，透过故事中的幻想和隐喻，来了解他们病态的幻想、冲突与防御策略，并在咨询师回应的故事中，引导儿童认识世界，丰富应对方式，宣泄情绪困扰，促进健康成长的危机应对方法。

儿童天生喜欢听故事，他们也常从自创的故事中获得乐趣。而他们创作的故事也可以作为"最根本的象征历程"来思考，并描述他们的经验。故事疗法通过相互讲故事来建立互为主体的沟通关系，使儿童感到安全，也帮助了咨询师避开或超越儿童初期的抗拒。故事疗法最有效率的年龄层大约为 5 岁到 12 岁之间，大体上与小学生的年龄相当。互动说故事搭配其它心理咨询技巧，可有效地应用于儿童的忧郁症、焦虑症、恐惧症、妄想性强迫症等，但故事疗法往往需要比较长的时间，要几个月或是更长的互动。

咨询师要在儿童许许多多的自编故事中，敏锐地捕捉到有价值的隐喻，并整理儿童所诉故事中的核心要素，重新整合成一个故事回应给儿童。在回应的故事中，故事的许多元素是相同的，但咨询师使用较无冲突的解决方式来取代儿童种种适应不良的解决方式。

故事疗法可以作为儿童心理治疗的专门治疗技术，也可以当作监测咨询进展的工具。

托尼的案例：

托尼 11 岁，是个非常聪明的孩子，智力超过功课的认知与智能需要。他之所以接受治疗，是因为从六年级开始学习成绩日趋低落，而且在家里常常会破坏、忽略，或是扭曲家长的努力，给弟弟、妹妹造成的影响越来越让人担心。

根据托尼母亲的说法，托尼的人格发展未遭遇特别事件，但他对弟弟、妹妹的出生却没有良好的反应。托尼两岁又两个月的时候，他的弟弟出生，3 年之后妹妹出生。他在家里的问题有大部分来自他对弟弟大卫的讨厌与嫉妒，小部分是因为妹妹佩蒂的缘故。

治疗持续了 1 年半，大约 9 个月的时候（此时在校表现有了进步，与母亲关系也有改善，但对弟弟、妹妹的敌意却仍然存在），托尼对咨询师讲述了这样一个故事：

从前，有一个已经废弃好久了的壁炉。住那里的人想将它拆掉，好安装全新的暖气系统。结果，有个工人告诉他们："不要把它拆掉。我想要它，可以装在我家里。"可是他其实也不常用到壁炉。壁炉自己裂开了，砖块开始掉下来。这壁炉快四分五裂了，工人试着要修理壁炉，但是它再次裂开。最后，工人将这个壁炉卖给其他人。他们将原来的壁炉拆了改装成新的壁炉，比以前的那个更值钱。

托尼在这个故事中，选择以一座老旧的壁炉来代表自己，这个意义丰富的隐喻象征了他的被动、不停燃烧的怒火，以及他希望能在父母赞赏的眼光下发光、发热的欲望；"工人"代表咨询师或其他善意地想帮助托尼的人；旧壁炉最终被"淘汰"，代表托尼自己那种无助且被动的心情。

咨询师所回应的故事：

从前，有一座壁炉，它曾经是众人注意力的焦点，后来，拥有这个壁炉的人决定要造新的暖气系统。壁炉开始被忽略了，而且再也没有人坐在它的旁边了。有天，有个工人发现壁炉好像没有发挥功效，所以想将壁炉带回自己的店里，好让他来修理。好啦，壁炉这阵子过得还不错，但是后来它开始四分五裂了。壁炉觉得自己被忽略，被暖气系统取代，而且它再也不想在乎了，尽管它不知道自己为什么不能发挥能力。

然而，这个壁炉却有独特的地方。第一，如果停电了，那么壁炉就可以继续提供温暖。第二是，它在寒冷的晚上真的很舒服，而且只要火焰不太大，人们真的很喜欢窝在它身边。人们的确很喜欢待在壁炉旁边，当然有时候暖气系统的确会占去人们较多的注意力。工人告诉壁炉，一定要记得，即使不能永远为房子提供所有的温暖，但是有些时候只有它能提供温暖。工人还说，如果壁炉能够控制自己的火焰，那么人们或许会更想坐在它旁边。当然，有时候壁炉可以烧得旺些，好让别人注意到它，只要火花别烧到壁炉外面（因为这会让人家不高兴或是吓到别人）就没问题了。壁炉觉得这些想法非常有趣，所以同意要尝试工人所建议的事。

像以前无数次的情况一样，托尼安静且专注地参与了这个交换故事的过程，仿佛故事和他没有关系。但此后，托尼开始对交换故事等治疗投入了更大的注意力。

心理剧疗法在心理危机的应对及干预中的作用？

心理剧作为一种心理疗法，主要是通过戏剧表演的形式，探索当事人的人格、人际关系、心理冲突和情绪等问题，以达到宣泄情感、消除心理上的压力，增强当事人克服危机的能力。

心理剧通过特殊的戏剧形式，将主角隐藏的伤口或是内心世界很小心地打开，将其情绪或思考过程、挣扎的症结带到舞台现场，疗愈的过程由此而开始，但不应认为可以一蹴而就（有的青少年，其严重的情绪障碍在通过二、三十场的演出后，自控能力和为社会所悦纳的能力才有了可喜的长进）。

心理剧一般应该具备导演、主角、舞台、替身、辅角与观众等基本要素。其中，观众也是演员，演员也是观众。此外，心理剧特别倚重于导演。导演必须是资深的心理咨询师，并且经过专门训练，有很强的应变能力。能够引导和控制剧情的发展。

心理剧疗法的意义主要是以一种艺术的形式来表现内心冲突和情绪波动，比单纯的说教更易于让学生接受，符合青少年学生身心发展的特点。当事人能通过扮演某一特定的角色，模仿现实生活情境，体验、宣泄和释放各种情感。也能通过角色扮演，使扮演者拥有对自己内在观点的重新审视的机会和了解别人观点的机会，从而调整扮演者的心态和认知。

最先采用心理剧作为精神治疗疗法的精神病理学家莫瑞努指出：心理剧的目标是诱发患者的自发行为，以便直接观察他的病情。它是通过特殊的戏剧形式，让参加者扮演某种角色，以某种心理冲突情景下的自发表演为主，将心理冲突和情绪问题逐渐呈现在舞台上，以宣泄情绪、消除内心压力和自卑感，增强当事人适应环境和克服危机的能力。心理剧能帮助参与者通过音乐、绘画、游戏等活动热身，进而在演出中体验或重新体验自己的思想、情绪、梦境及人际关系，伴随剧情的发展，在安全的氛围中探索、释放、觉察和分享内在自我。这是一种可以让参与者练习怎么过人生，但不会因为犯错而被惩罚的方法。

心理剧的主要特点是帮助个体把不曾察觉的事物唤醒，让学生在演出时充分地"经历"与"体会"问题。强调艺术有着语言所不能及的跨文化的沟通功能，强调艺术等多种元素与咨询技术的整合。强调心理剧内容当下、现时、当场发生的自发性与原创力。认为团体中的每位成员互为彼此的治疗媒介，强调互动的关系。

沙盘游戏疗法在心理危机的应对及干预中的意义？

沙盘游戏疗法是目前国际上影响深远的心理分

析技术，整合了荣格分析心理学理论和东方哲学文化之精髓，其基本思想"自由与保护、发展与创造"尤其适合中小学生心理教育、心理辅导的需求，现广泛为学校心理教育所采用。

沙盘游戏疗法的心理干预意义在于：

"沙盘游戏"作为一种非语言的心理治疗技术，可以比较容易地打破中小学生的心理防线，很好地绕开咨询过程中的阻抗，直观地显示他们的内心世界。

沙盘中的时空概念。从理论上来说，对于惯用右手者，左面多表示过去，右面多表示未来，中间多表示现在或自我的现实感等。沙盘游戏者会在沙盘上追溯往事，处理当下，憧憬未来，有很强的空间和时间意义。

"沙盘游戏"中的沙盘玩具模型具有象征性的分析意义。例如，动物与植物在整体上的不同寓意，自然物质与人造物质的不同属性，所使用人物的年龄、性别等差异以及各自角色的象征意义等。沙盘无语，但沙盘图画使用的无意识心理学的象征性语言在"说话"。

心理治疗要达到治愈的目标，就必须充分发挥心理的超越功能，在来访者的意识和无意识之间裂开的深渊上架起一座桥梁。象征就是发挥这一功能的有效手段，它借助于与某事物的相似性，提示完全未知领域中的东西或尚在形成中的东西。沙盘中所表现的系列沙盘意象，营造出沙盘游戏者心灵深处意识和无意识之间的持续性对话，以及由此而激发的治愈过程和人格发展。这些也往往是咨询师关注的重点。

沙盘游戏的一般心理治疗过程是怎样的？

沙盘游戏被认为是促进治愈的重要方式之一，因为它鼓励对思维与认知领域的必需的超越。孩子的象征性游戏看起来是为童年期的自性化过程服务的。通过在自我——意识与无意识之间建立桥梁并使创造性想象成为可能这一双向的功能，最终揭示了自性的表达。

沙盘游戏实践中通常会用到两个（一个是湿的，一个是干的）有着特定尺寸的沙盘，其侧面四周有时会被涂上蓝色来暗喻水或天空。在治疗师介绍了游戏程序后，来访的中小学生就可以到附近的架子上选择缩微模型（沙具），并将它们放在其中的一个沙盘中来构建场景。在创作沙盘图景的过程当中，治疗师是过程的"沉默见证者"。对沙盘的解释要延迟到来访者完成了一系列的沙盘游戏之后，这样，游戏过程才能自然而然、不受到主观性思维干扰地展开。在每次沙盘完成后要把沙盘图拍摄下来。一段时间后，治疗师和来访者再一起回顾所有的照片（或幻灯片）。这时认知的觉察与深层的沙盘感觉体验相结合，通常会带来一种全新的顿悟。

由于沙盘游戏是为数不多的几种不需要言语技巧来理解心灵的表达性治疗技术之一，现已经成为一种跨文化的心理治疗方法，在全世界被普遍采用。

意义疗法在心理危机的应对及干预中有何"意义"？

意义疗法是一种通过引导来访者寻找和发现生命的意义，树立明确的生活目标，以积极向上的态度来面对和驾驭生活的心理治疗方法。意义疗法以存在主义哲学为思想基础，认为对生命意义的探索、对生活目标的追求，是人类的基本心理需要。一个人如果失去了生活目标，或因环境巨变而怀疑生命的意义，就会有"存在挫折"和"存在空虚"的心理失衡。

意义疗法认为，人是由生理、心理和精神三方面的需求满足的交互作用统合而成的整体，生理需求的满足使人存在，心理需求的满足使人快乐，精神需求的满足使人有价值感。"负责任"是人类存在最重要的本质。

意义疗法的核心就是要帮助来访者认识人存在的本质和意义的来源，寻找失落的生活目标和三种价值（创造的价值、经验的价值和态度的价值），建立起明确和坚定乐观的人生态度。意义疗法的精髓是"无论处境多么悲惨，我们都有责任为生命找出一个意义来"。

意义疗法需要心理咨询师很强的语言能力、较好的哲学修养和丰富的生活阅历，并具有从挫折、失败中寻找出意义和价值的审美能力及辩证思维能力。

在我国，心理咨询有悠久的历史。西汉时枚乘撰写的散体大赋《七发》描述的，就是一个典型的心理辅导的例子。吴客告诉楚太子："你的病根就在你天天迷恋于声色犬马，玩乐无度，如此庸俗腐朽的物质刺激，造成了空虚的精神境界。于是病魔就在你空虚的精神境界中爆发出来，使你的精神陷入萎靡不振而不能自拔，药石无效。"他向太子指出过度享受的危害：乘车太久会导致腿脚麻痹不能行走，久居深宫不见阳光会导致寒气郁结……接着分别从音乐、饮食、车马、宫苑、田猎、观涛等美妙场景的描述，激发楚太子的积极人生观。最后提醒楚太子要与有识之士论天下之精微，理万物之是非。要丰富自己的知识，用高度的文化修养来抵制腐朽愚昧的生活方式。终于使楚太子"涩然汗出，霍然病已"，病全好了。《七发》通过为一个沉溺于安逸享乐深宫生活的太子讲述广博有趣的大千世界，最终成功医治了太子物质生活充实而心灵空虚衰弱的疾病。

楚国太子有病，一位吴国的宾客去问候他："听说太子玉体欠安，稍微好点了吗？"太子曰："还是疲乏得很！谢谢你的关心。"吴客进言："现今天下安宁，四方太平，太子正在少壮之年。料想是您长期贪恋安乐，日日夜夜没有节制，邪气侵身，在体内凝结堵塞。以至于心神不安，烦躁叹息，情绪恶劣像醉了酒似的，常常心惊肉跳，睡不安宁，心力衰弱。听觉失灵，厌恶人声，精神涣散，好像百病皆生。耳目昏乱，喜怒无常。病久缠身不止，性命便有危险。太子是否有这种症状呢？"

太子曰："谢谢你。靠国君的力量，使我能享受富贵，以至于经常有此病症，但还没有到你所说的这种地步。"

客曰："现在太子皮肤太细嫩，四肢不灵便，筋骨松散，血脉不畅，手脚无力。前有越国的美女，后有齐国的佳人，往来游玩吃喝，在幽深的秘室里纵情取乐。这简直是把毒药当作美餐，和猛兽的爪牙戏耍啊。这样的生活如果再长时间地拖延不改，那么即使让扁鹊来为您治疗体内的疾病，让巫咸来为您祈祷，又怎么来得及啊！"

客又曰："其实太子的病，可以不用服药、砭石、针刺、灸疗的办法而治好，可以用中肯的言论、精妙的道理劝说而消除，您不想听听这样的话吗？"

太子曰："我愿意听。"

客曰："让师堂弹奏《畅》的琴曲，让伯子牙来演唱。飞鸟听到歌声，敛翅不能飞去；野兽听到歌声，垂耳不能行走；蚑蟜、蝼蛄、蚂蚁听到歌声，张嘴不能向前。这是天下最动人的音乐。太子能勉强起身来听吗？"

太子曰："我病了，不能去听啊。"

客曰："让伊尹负责烹饪，易牙调和味道。熊掌煮得烂熟，再芍药酱来调味。把兽脊上的肉切成薄片制成烤肉，鲜活的鲤鱼切成鱼片。佐以秋天变黄的紫苏，被秋露浸润过的蔬菜。这是天下最好的美味，太子能勉强起身来品尝吗？"

太子曰："我病了，不能去品尝啊。"

客曰："钟代一带出产的雄马，可以一日千里，这是天下最好的骏马了。太子能勉强起身去骑它吗？"

太子曰："我病了，不能去骑啊。"

客曰："登上景夷台，南望荆山，北望汝水，左面是长江，右边是洞庭湖，这种游观之乐绝无仅有；漫游纵览之后，在虞怀宫中摆设酒宴。护城河水清净，莲花芬芳，河边草木芳香，枝条摇曳。精选美色娱悦心目，流美的歌声悦耳动心，俊男美女，秋波暗送，情意相许。这是天下最奢侈华丽的宴乐了。太子能勉强起身来享受吗？"

太子曰："我病了，不能去享受啊。"

客曰："驾着轻便猎车，带着劲箭、花纹弓，在林中和生长兰草的沼泽地带奔驰。策马追逐狡黠的走兽，箭射轻捷的飞鸟，虎豹恐惧了，鸷鸟慑服了，奔马响着项铃，像鱼一样腾跃，像麋鹿一样角逐，脚践麕兔，蹄压麋鹿。动物被追得四处躲藏，走投无路。野物装满随从的车子。面对这样的壮观打猎景象，太子能勉强起来去游猎吗？"

太子曰："我很愿意和大家一起去，可是我病了，只怕成为各位大夫的累赘。"眉宇之间露出了喜悦向往的神情，有想起身的样子。

客曰："我们将要在八月十五日去观涛。看那后浪推前浪，浪头高高掀起，波涛激荡纷乱的情景。那涛声似疾雷，闻于百里之远，那潮头高大，浪头相随，互相激荡。涛水呼啸嘶鸣，如万马奔腾，轰轰隆隆，似擂鼓震天。水势因受阻而怒起，清波因相互超越而升腾。水势浩渺劲健，波涌似飞云乱翻。江涛荡击南山，转身又冲撞北岸。摧毁了丘陵，荡平了西岸。人被惊倒，吓得丧魂失魄。这是天下怪异罕见的奇观，太子能一起去观赏吗？"

太子曰："我还有病，不能去。"

客曰："如果我给太子进荐博学而有理论、像庄周一类的人物，让他们议论天下精深微妙的道理，明辨万事万物的是非曲直，再请孔子、老子这类人物为之审察评说，请孟子这类人物为之筹划算计。这等天下最精妙的学说，太子想听听吗？"

太子扶着几案站了起来，曰："你的话真使我豁然清醒，好像一下子听到了圣人辩士的言论。"太子出了一身透汗，病痊愈了。

参考文献：

《青少年性心理与性危机干预》董慧娟等编著
北京大学出版社 2013 年 10 月版

《青春期教育的实施》姚佩宽著
上海教育出版社 1997 年 8 月版

《读懂孩子青春期》陈一筠主编
人民教育出版社 2001 年 8 月版

《青春红绿灯　正视成长的危机》陈露晓主编
合肥工业大学出版社 2012 年 12 月版

《青春期性健康教育读本》陈一筠 张志刚主编
人民教育出版社 2001 年 8 月版

《青春期　青少年的教育、养成和健康》
[美] 斯坦利·霍尔著　凌春秀译
人民邮电出版社 2015 年 5 月版

《心理援助　应对校园心理危机》周红五著
重庆出版社 2006 年 12 月版

《高中生心理辅导案例解析》钟志农等编著
华东师范大学出版社 2007 年 8 月版

《心理危机干预》顾瑜琦 孙宏伟著
人民卫生出版社 2013 年 5 月版

《危机事件心理干预策略》杨艳杰著
人民卫生出版社 2012 年 3 月版

《儿童心理危机干预：理论、策略和应用》张英萍著
中国社会科学出版社 2015 年 4 月版

《青少年心理危机干预》边玉芳等著
华东师范大学出版社 2010 年 11 月版

《青少年心理辅导》吴增强著
华东师范大学出版社 2007 年 8 月版

《应激与心理危机干预》邱鸿钟 梁瑞琼等著
暨南大学出版社 2008 年 10 月版

《心理危机干预》李祚 张开荆编著
大连理工出版社 2012 年 3 月版

《校园突发事件的危机干预》王玲编著
暨南大学出版社 2011 年 12 月版

《实用心理异常诊断矫治手册》傅安球编著
上海教育出版社 2011 年 12 月版

《同一性 青少年与危机》
[美] 埃里库·H·埃里克森著 孙名之译
中央编译出版社 2015 年 12 月版

《青少年自残行为》
[法] 卢多维克·吉凯尔 莫里斯·科尔科著 赵勤华译
上海社会科学院出版社 2016 年 11 月版

《改变儿童心理学的 20 项研究》
[美] Wallace E. Dixon 著 王思睿 许应花译
中国轻工业出版社 2017 年 7 月版

《滋养孩子内在生命的成长》

[美]琳达·兰提尔瑞著 方菁译

华夏出版社 2016 年 1 月版

《告别成瘾》

[美]保罗·威廉姆斯 特蕾西·杰克逊著 凌春秀译

人民邮电出版社 2017 年 1 月版

《沙盘游戏 过去、现在和未来》

[美]罗杰斯·米切尔等著 张敏等译

中国人民大学出版社 2017 年 2 月版

《青少年期冒险行为》

[法]罗贝尔·库尔图瓦著 费群蝶译

上海社会科学院出版社 2016 年 11 月版

《儿童行为心理学》牧之著

台海出版社 2017 年 7 月版

《与厌学孩子的心灵对话》张丽珊著

中国轻工业出版社 2008 年 1 月版

《危机中的青少年》
［美］J.杰弗里斯·麦克沃特等著　寇彧译
人民邮电出版社 2009 年版

《儿童青少年心理创伤干预指导》静进主编
人民卫生出版社 2009 年版

《中小学危机应对：方法与实践》王琳等编著
重庆大学出版社 2007 年版

"中学生心理健康状况与意外伤害发生的关系"
邓树嵩 陈冠民 《疾病控制》2004 年第 8 期

"儿童青少年意外伤害及其干预策略研究"
李彩福等 《中国妇幼保健》2008 年 23 期

"关于中小学危机管理的思考"
李永贤 《教学与管理》2006 年第 10 期

"创伤事件后中小学受冲击群体的危机干预"
应贤慧 《中小学心理健康教育》2008 年第 6 期

"中学生自杀意念的相关因素研究"

张志群 郭兰婷 《中国心理卫生》2003 年第 12 期

图书在版编目（CIP）数据

呵护未成年人心灵田陌：中小学生心理危机的预防
及干预问答手册 / 杨泰山著. —— 上海：上海文化出版
社, 2019.11
　　ISBN 978-7-5535-1812-1

　　Ⅰ.①呵… Ⅱ.①杨… Ⅲ.①中小学生 - 心理健康 -
健康教育 - 手册 Ⅳ.①G444-62

中国版本图书馆CIP数据核字(2019)第244018号

出　版　人：姜逸青
责任编辑：张　琦　张悦阳
装帧设计：王　伟　华　婵

书　　　名：呵护未成年人心灵田陌：中小学生心理危机的预防及干预问答手册
作　　　者：杨泰山
出　　　版：上海世纪出版集团　上海文化出版社
地　　　址：上海市绍兴路7号　200020
发　　　行：上海文艺出版社发行中心
　　　　　　上海市绍兴路50号　200020　www.ewen.co
印　　　刷：上海颛辉印刷厂
开　　　本：889×1194　1/32
印　　　张：8
印　　　次：2019年11月第一版　2019年11月第一次印刷
书　　　号：ISBN 978-7-5535-1812-1/G.283
定　　　价：39.00元
告 读 者：如发现本书有质量问题请与印刷厂质量科联系 T：021-56152633